SAVOIR ACCORDER
LE VERBE

CHEZ LE MÊME ÉDITEUR

Henri BRIET

SAVOIR ACCORDER
LE VERBE

Règles,
exercices et corrigés

DUCULOT

© Editions DUCULOT, Paris-Gembloux (1986),
   (Imprimé en Belgique sur les presses Duculot.)
D. 1986, 0035.25.
Dépôt légal : juin 1986.
ISBN 2-8011-0603-8.

AVANT-PROPOS

Depuis quelques années, la vogue des grammaires «nouvelles» qui accordent la priorité à l'oral a eu pour effet de laisser la syntaxe au second plan. Pourtant, quelle que soit la richesse de l'apport de la linguistique, il importe toujours de respecter certaines normes, particulièrement en orthographe. Si cette dernière est si malmenée, n'est-ce pas tout simplement parce qu'on ne l'enseigne plus?

L'accord du verbe et celui du participe passé constituent les deux plus gros chapitres de l'orthographe grammaticale. Cependant, au contraire de Maurice Grevisse et de Joseph Hanse, beaucoup de grammairiens paraissent consacrer plus de place à l'accord du participe qu'à celui du verbe. Il arrive même que celui-ci soit presque passé sous silence.

Certes, il est vrai que l'expression orale nous fait plus facilement entendre l'accord du verbe que celui du participe passé. Mais il reste l'expression écrite. Et s'il faut admettre que dans l'accord du verbe le sens du contexte, l'intention de l'auteur et l'euphonie sont de précieuses indications, il n'en demeure pas moins que les situations différentes sont multiples, tant est grand le foisonnement de la langue. La facilité de l'accord est donc toute relative. Enfin, s'il est des textes sans participe passé, il n'en est point sans verbe.

Ce petit livre entend être pratique et servir d'instrument de travail à toutes celles et à tous ceux qui chercheraient des réponses à leurs questions, à leurs hésitations. Les remarques préliminaires qui forment la première partie s'adressent à celles et à ceux qui estimeraient manquer de bases pour l'étude de l'accord du verbe et qui voudraient bien asseoir des notions fondamentales. C'est dire que beaucoup pourront sauter le premier chapitre.

La vocation de cet ouvrage n'est pas d'être exhaustif, mais plutôt de rendre service rapidement et clairement à un large public appelé à résoudre des difficultés relativement courantes. C'est dans cette optique qu'a été adoptée une terminologie qu'on pourra qualifier de traditionnelle et qui est expliquée dans les remarques préliminaires.

Les exemples et les exercices présentent des phrases inventées, empruntées à des grammairiens et, surtout, choisies chez les écrivains francophones, de La Fontaine à Marguerite Yourcenar et de Senghor à Antonine Maillet. La presse a également été utilisée. Les exercices se veulent progressifs et privilégient les cas les plus fréquents.

Il fallait éviter deux écueils : le purisme et le laxisme. On ne peut s'accrocher à des accords que le bon usage a rendus caducs, mais il ne convient pas d'accepter trop vite des évolutions qui ne sont pas encore vraiment acquises. Souvent, deux solutions sont acceptables : il y a alors double usage.

Ajoutons qu'il est sage de ne pas tenir compte des tolérances orthographiques qui paraissent périodiquement : elles créent peut-être plus de difficultés qu'elles n'en résolvent. Elles sont destinées aux enseignants français chargés d'apprécier les examens et ne doivent donc pas être inculquées. Les dernières, publiées en 1976 par le ministre René Haby, succèdent à celles de 1901, qui étaient dues à Georges Leygues. Qu'on ne les confonde pas avec les modifications orthographiques admises par l'Académie française ou par le Conseil international de la langue française.

H. Briet.

ABRÉVIATIONS:

Ac.: Académie.
D.: Dauzat.
M.G.: Maurice Grevisse.
J.H.: Joseph Hanse.
L.: Littré.
L. et M.: Lagarde et Michard.
S.: Souché.

ind.: indicatif.
cond.: conditionnel.
impér.: impératif.
subj.: subjonctif.
part.: participe.
inf.: infinitif.

prés.: présent.
imp.: imparfait.
p.: passé.
p.s.: passé simple.
f.s.: futur simple.
p.c.: passé composé.
p.-q.-p.: plus-que-parfait.
p.a.: passé antérieur.
f.a.: futur antérieur.
p. 1ᵉ f.: passé 1ᵉ forme.
p. 2ᵉ f.: passé 2ᵉ forme.

pass.: passif.

PREMIÈRE PARTIE

REMARQUES PRÉLIMINAIRES

I. LA PHRASE

a) On peut la définir comme un ensemble de mots présentant un sens complet. Cette notion englobe aussi bien la phrase qui ne contient qu'un seul mot et répond à une question que celle qui couvre plusieurs lignes, voire plusieurs pages. Le point en marque la fin.

> – Oui !
>
> – « Il était redevenu tout semblable à l'enfant qu'elle avait connu ; qu'elle avait vu, à travers les années, s'épanouir et s'offrir à la vie ; dont elle avait aimé le primesaut, la franchise, les hardiesses et les timidités, et peut-être, sans se l'avouer clairement, l'adoration qu'il lui avait vouée. » (M. Genevoix.)

b) Nous ne nous intéresserons pas ici aux phrases dites nominales, c'est-à-dire à celles dont le noyau n'est pas un verbe mais un nom ou un pronom. Aucun verbe ne doit y être accordé. On peut en trouver chez bien des auteurs et à des époques fort différentes.

> – « A moi, comte, deux mots ! » (Corneille.)
>
> – « Une nuit claire, un vent glacé. » (Leconte de Lisle.)
>
> – « A l'extrême horizon, Chambord indistinct avec sa futaie de tourelles. » (V. Hugo.)
>
> – « Plus personne. » (Ramuz.)
>
> – « Perte de conscience, pas de toute conscience. » (Malraux.)
>
> – « Halètements de locomotives, hangars sonores et hostiles. » (Bodard.)

c) D'autres phrases pourraient aussi être appelées nominales ou non verbales alors qu'elles contiennent un verbe : c'est que ce verbe n'est pas le noyau de la phrase. Nous mentionnerons des phrases de ce type.

> – « Jésus, Maria ! moi qui aime tant les truffes ! » (Daudet.)
> (« Moi » est le noyau de la phrase.)

d) Par ailleurs, il ne convient sans doute pas que nous retenions ici des auteurs chez lesquels la disparition de la ponctuation a fait éclater la notion de phrase et rend donc l'accord du verbe parfois fort embarrassant, puisque plusieurs «lectures» sont possibles.

> – «... le fleuve la cité des saules soie d'argent sortie du papier juste lin roseau riz plume coton dans l'écume 325 lumen de lumine en 900 remplacement des monnaies 1294 extension persane après c'est tout droit jusqu'à nos deltas ma fantaisie...» (P. Sollers.)

e) Nous nous attacherons avant tout à la phrase dont le sujet et le verbe sont les éléments constitutifs, essentiels et obligatoires. Et, si l'on veut employer une autre terminologie, on dira que la phrase minimale est constituée d'un groupe nominal ou syntagme nominal et d'un groupe verbal ou syntagme verbal.

> – *Jeanne* **lit.** *Il* **vient.**

f) A cette phrase minimale (sujet + verbe) s'ajouteront des phrases plus étoffées et à la phrase simple (qui ne contient qu'un verbe ayant un sujet propre) viendront se joindre des phrases complexes (qui contiennent plusieurs verbes accompagnés de sujets).

> – «Une nuit très chaude, *nous* **avons erré** le long des quais déserts, près de l'eau.» (Sabatier.)
> – «*On* l'**a vu** grand, riche, conquérant, arbitre de l'Europe, redouté et admiré tant qu'**ont duré** *les ministres et les capitaines qui* **ont** véritablement **mérité** ce nom.» (Saint-Simon.)

g) Il arrive que dans une phrase, un verbe soit omis. On parle d'ellipse du verbe. Souvent, la virgule est alors le signe de cette omission. Le contexte permet de comprendre. Ce procédé crée un certain effet de style.

> – «*Les uns* **croient** qu'il est devenu fou. *Les autres,* qu'il roule dans sa tête des pensées effrayantes de subtilité et de profondeur.» (Jean d'Ormesson.)
> (La virgule remplace «**croient**».)

II. LE VERBE

a) On peut dire de lui que c'est la base de la phrase, le nœud, le noyau, le centre vital. Tout s'y rapporte, directement ou indirectement. C'est un mot qui exprime une action faite ou subie par le sujet ou qui indique l'état du sujet.

- *L'architecte* **dessine** un plan.
(C'est la voix active. L'action est faite par le sujet.)

- *La cachette* **est découverte** par la directrice.
(Le verbe est à la voix passive : l'action est subie par le sujet.)

- *L'infirmière* **paraissait** contente.
(Le verbe n'exprime pas une action, mais un état du sujet. On a alors affaire au verbe «être» et aux verbes qui lui sont similaires : «devenir, rester, demeurer, paraître, avoir l'air...».)

b) Notons que ces distinctions ne sont pas toujours si simples. Ainsi certains verbes abstraits ne semblent guère exprimer d'action.

- *Elle* **pense** à son voyage.
- *Il* **redoute** le verglas.

D'autre part, certains verbes à la voix active ont un sujet dont le sens est plutôt passif.

- *La poire* **tombe** de la branche.
- *Elles* **meurent** d'asphyxie.
- *Vous* **dormez.**

Enfin, certains verbes indiquent plutôt un changement d'état qu'une action.

- *Les fleurs* **se fanent.**
- *Les feuilles* **roussissent.**

c) Le verbe est parfois constitué d'un groupe de mots ou locution verbale.

- *Elle* **avait envie** d'un dictionnaire.
- *J'***ajoute foi** à sa version des faits.

III. LES COMPOSANTES DU VERBE

Le verbe est constitué d'un radical et d'une terminaison ou désinence.

> **Chanter** = **chant** + **er**
>   radical   terminaison

Le radical donne au verbe son sens tandis que la terminaison, qui est essentiellement variable, nous indique les formes que prend le verbe : mode, temps, personne et nombre. Aux temps composés, ces indications nous sont données par l'auxiliaire et le participe passé.

Certains verbes, appelés irréguliers, ont un radical très changeant et présentent des terminaisons différentes de celles des verbes qui sont considérés comme des types.

- **Etre** : *Je* **suis...** *Nous* **sommes.**
- **Aller** : *Je* **vais...** *J'*ï**rai.**

IV. LES VERBES IMPERSONNELS

a) Ce sont ceux qui ne se conjuguent qu'à la troisième personne du singulier. Ils ont un sujet apparent (« il » ou « ce ») et peuvent avoir un sujet réel qui fait l'action, qui en est l'agent. Le sujet réel est le sujet véritable, le sujet logique.

- *Il* **pleut.**
- *Il* **est tombé** *des grêlons.*
- *Ce* **sera** bientôt *Noël.*
- *C'*est une lâcheté de *déserter.*

b) Le sujet apparent est parfois omis pour créer un effet de surprise.

- « **Reste** *que cette exclusion d'un des pères fondateurs est...* »
(J. Lacouture.)

c) Certains verbes sont toujours impersonnels ; d'autres ne le sont qu'à l'occasion, dans un certain contexte, quand ils ont un certain sens.

- *Il* **neige.** *Il* **pleut** *des hallebardes. Il* **faut** *de la patience.*
- *Il* nous **arrive** de Marseille.
- *Il* nous **arrive** *des oiseaux migrateurs.*

V. LES VERBES PRONOMINAUX

a) Ce sont les verbes qui sont accompagnés d'un pronom réfléchi (me, te, se, nous, vous, se) de la même personne que le sujet.

- – *Je* te le **dis.** (Ce n'est pas un verbe pronominal.)
- – *Elles* **se sont** fort **amusées.** (C'est un verbe pronominal.)

b) Dans l'accord des verbes pronominaux, il importe d'aligner la personne du pronom réfléchi sur celle du sujet.

- – *Je* **me suis trompé.** *Tu* **t'es trompé.** *Il* **s'est trompé...**

VI. LES FORMES DU VERBE

a) **La voix** indique le rôle du sujet dans l'action.

- – *Le vent* **chasse** la fumée.
- – *La fumée* **est chassée** par le vent.

Il n'est peut-être pas inutile de faire remarquer que l'accord se fait toujours avec le sujet et jamais avec le complément d'agent, même si c'est bien celui-ci qui fait l'action dans la phrase à la voix passive.

- – *La harde* **est harcelée** par les chiens.

b) **Les modes** sont les façons de concevoir et de présenter l'action exprimée par le verbe.

L'accord du verbe avec son sujet ne se produit qu'aux modes personnels : indicatif, conditionnel, subjonctif.

- – *Elle* **était sortie.**
- – *Je* **serais venue** si...
- – Il faut qu'*elle* **parte.**

Notons que les prononciations de deux formes d'un même verbe peuvent être identiques alors que le mode et l'orthographe diffèrent.

- – *Je* **vois.** Il faut que *je* **voie.**
- – *Elle* **voit.** Il faut qu'*elle* **voie.**

Aux modes impersonnels (participe et infinitif), il n'y a pas d'accord du verbe avec son sujet.

> – J'écoute **chanter** *les oiseaux.*
> – Parmi ces plantes *que* vous dites **avoir été achetées** par vous-même, il en est une qui me semble végéter.
> – *Les circonstances* **aidant,** la promenade fut un succès.
> – *La pièce* **étant rangée,** les enfants purent se rendre au cinéma.

Il faut se garder de confondre l'accord du verbe et celui du participe passé.

Le verbe s'accorde
en nombre et en personne avec son sujet.

Le participe passé s'accorde en genre et en nombre avec le mot auquel il se rapporte s'il est employé seul ; avec le C.O.D. placé devant s'il est conjugué avec l'auxiliaire **avoir** ; avec le sujet du verbe s'il est conjugué avec l'auxiliaire **être**.

> – *Le livre* **achevé,** il quitta son fauteuil.
> – Les bûches, je *les* ai **fendues.**
> – *Les vêtements* sont **nettoyés.**

Dans ce dernier cas, on peut donc relever que l'accord du participe passé s'aligne sur l'accord du verbe. Mais il faut cependant préciser que si le participe passé est un verbe, il n'est pas le verbe à lui seul : il est accompagné d'un auxiliaire. Aux temps composés, c'est l'auxiliaire qui s'accorde en nombre et en personne avec le sujet. Le participe passé ne porte pas la marque de la personne, mais il indique le genre et le nombre. Enfin, on peut souligner que le participe passé conjugué avec **être** ne s'accorde pas toujours en genre et en nombre avec le sujet.

> – *Elles* **sont arrivées.**
> – *Elles* **se sont succédé.**

Le mode impératif n'est ni tout à fait personnel ni tout à fait impersonnel. Il n'existe qu'à la 2e personne (singulier et pluriel) et à la 1re personne du pluriel.

Le sujet n'y est pas exprimé. Il est sous-entendu. C'est la personne à qui on s'adresse ou ce sont les personnes auxquelles on parle.

- Viens. = *Tu* **viens.**
- Venons. = *Nous* **venons.**
- Venez. = *Vous* **venez.**

Il faut cependant éviter de donner à l'impératif une autre valeur modale. D'autre part, soulignons que la terminaison de la 2e personne du singulier de l'indicatif présent et celle de la 2e personne du singulier de l'impératif présent ne sont pas toujours semblables.

- *Tu* **commences.** (Indicatif.) **Commence.** (Impératif.)
- *Tu* **cueilles.** (Indicatif.) **Cueille.** (Impératif.)

Lorsque le verbe est à l'impératif, il faut se garder de confondre le sujet et le mot mis en apostrophe. Celui-ci désigne la personne à laquelle on s'adresse et est toujours de la 2e personne.

- Ma chère amie, **poursuivez** votre histoire.
- Jean-François, **poursuis** ton chemin.
- *Ma chère amie* **poursuit** son histoire.
- « Léon, **reprends,** cette évocation m'épuise. » (B. Vian.)
- *Léon* **reprend** cette évocation.

c) **Le temps** indique le moment de la durée où se passe l'action. Il n'exerce aucune influence sur l'accord du verbe, sauf que l'on pourrait reprendre ici ce qui a été dit sur l'auxiliaire et le participe passé aux temps composés.

- *Les pylônes* **se sont tordus.**
- *Elles* **se sont octroyé** un jour de congé.
- *Vous* **avez donné** la meilleure réponse.

d) **La personne** est la forme du verbe qui dit si le sujet désigne. :
- la personne (ou les personnes) qui parle(nt) : 1re personne.
  - *Je* **dessine.** *Nous* **dessinons.**

- la personne (ou les personnes) à qui on parle : 2e personne.
  - *Tu* **dessines.** *Vous* **dessinez.**

– la personne (ou les personnes) de qui l'on parle ;
la chose (ou les choses) dont on parle : 3ᵉ personne.

> – *Il (elle)* **dessine.** *Ils (elles)* **dessinent.**
> – *La plante* **pousse.** *Les arbres* **croissent.**

e) Le nombre est la forme du verbe qui indique si le sujet est au singulier ou au pluriel, c'est-à-dire s'il désigne un ou plusieurs êtres.

> – *J'*écoute. *Nous* **écoutons.**

VII. LE NOM DU VERBE

Dans les dictionnaires, les verbes sont mentionnés à l'infinitif présent qui est la forme nominale du verbe.

> – **Pousser, croître, écouter, dessiner...**

VIII. COMMENT RECONNAITRE LE VERBE ?

On reconnaît qu'un mot est un verbe au fait que dans la phrase où il se trouve on puisse le conjuguer, c'est-à-dire lui donner une voix, un mode, un temps, un nombre, une personne.

> – *La marche* **est** un exercice facile et bienfaisant. (Nom.)
> – *Je* **marche** le long du sentier. (Verbe.)

Une autre caractéristique du verbe est, rappelons-le, d'être (avec le sujet) un terme essentiel qu'on ne saurait supprimer.

> – *La fille, aussitôt partie de l'école,* **reprit** son vélo.
> (= La fille reprit son vélo.)
>
> – *La fille* **partit** aussitôt de l'école et **reprit** son vélo.
> (On ne peut supprimer « **partit** ».)

Dans l'identification du verbe, il faut veiller à n'omettre aucune de ses composantes. Attention aux éléments qui viennent s'intercaler entre l'auxiliaire et le participe passé !

- *Nous* **avons,** à cause des travaux, **abîmé** nos amortisseurs.
- *Elles* **ont** – et c'est tant mieux – **résolu** le problème.

IX. COMMENT RECONNAITRE LE SUJET ?

Le sujet est ce dont on parle, celui ou celle de qui on parle. Il répond à la question « Qui est-ce qui ? » ou « Qu'est-ce qui ? » posée avant le verbe.

- Des plateaux **tombe** *un air glacé.*
- *Des plateaux* **constituent** la région des Causses, au sud-ouest du Massif central.

Comme le verbe, c'est un terme essentiel de la phrase. On rencontre cependant des verbes sans sujet dans certains domaines comme la langue familière, la poésie, le nouveau roman...

- **Faut** pas pousser ! (*Il* ne...)
- « Ah ! plus ne **peux** supporter ta lumière... » (*Je* ...) (Senghor.)
- « **Se lève, pose** son livre. » (*Il* ...) (Butor.)

D'autre part, quand un même sujet se rapporte à plusieurs verbes, il n'est pas répété.

- *Elle* **descend** l'escalier, **ouvre** la porte et **sort.**
- « *Il* **avait fini** les nouvelles et **descendit** les marches du perron. » (Hémon.)

X. LA NATURE DU SUJET

a) Un nom.

- *Véronique* **se rend** à la gare.

b) Un groupe nominal.

- « *Le fleuve aux grandes eaux* **se range** quand je passe... » (Vigny.)

c) Un groupe nominal à l'intérieur duquel se trouve une proposition.

— « *Les gens qui avaient encore la force de bavarder* **parlaient** d'une petite plage dans le Nord. » (J. Romains.)

d) Un pronom personnel.

— « *Eux* n'**avaient** pas **perdu** la liberté... » (Bernanos.)

e) Un pronom indéfini.

— « *Nul* ne **décèlera** votre union. » (Char.)

f) Un pronom démonstratif.

— « *Cela* **ressemblait** à une présence éparse dans la nuit. » (J. Green.)

g) Un pronom possessif.

— « *Le vôtre* **suppose** un certain degré d'esprit romanesque. » (Diderot.)

h) Un pronom relatif.

— « Ceux *qui* n'**ont** pas **voulu** se battre sont allés à la soupe. » (de Gaulle.)

i) Un pronom interrogatif.

— « Rodrigue, *qui* l'**eût cru ?** » (Corneille.)

j) Un adverbe.

— « Un jour seulement, le « *pourquoi* » **s'élève** et tout commence. » (Camus.)

k) Un adjectif.

— « ... le *vrai* seul **est** aimable... » (Boileau.)

— « *Le plus simple* **sera** de se taire ou de répondre seulement aux questions. » (F. Mauriac.)

l) Un infinitif.

— « *Ecrire* **est** formuler mon intention. » (Bataille.)

m) Une proposition.

> – «*Qu'on puisse avoir besoin de moi* me **stupéfie** toujours.» (Cl. Roy.)

> – *Qui veut voyager loin* **ménage** sa monture.

> – A cela **s'ajoute** *qu'il n'est pas très courageux.*

> – «Et *qui dit mort* **dit** aussi le monde mystérieux auquel il se peut qu'on accède par elle.» (M. Yourcenar.)

Remarques :

– Le nom est toujours de la 3e personne sauf s'il est mis en apostrophe.

– Tous les autres sujets sont à la 3e personne sauf le pronom personnel.

– La personne du pronom possessif est celle du possesseur et non celle de l'objet possédé. Elle ne commande donc pas l'accord du verbe. De la même manière, les adjectifs possessifs sont de la personne du possesseur et ne prennent pas celle du nom auquel ils se rapportent.

Seuls les pronoms personnels désignent la personne grammaticale qui commande l'accord du verbe.

> – Ta chaise est bien stable. *La mienne* **est** bancale.

(Le pronom possessif dit que la chaise appartient à celle ou à celui qui parle. Il s'agit donc de la 1re personne. Mais cette indication n'exerce aucune influence sur l'accord du verbe qui se mettra à la 3e personne.)

> – *Tes assiettes* nous **plaisent** beaucoup.

(L'adjectif possessif nous dit que les assiettes appartiennent à la personne à qui l'on parle. Mais le mot «assiettes» reste à la 3e personne et commande l'accord du verbe.)

DEUXIÈME PARTIE

RÈGLES GÉNÉRALES ET REMARQUES

I. RÈGLES GÉNÉRALES

1. LE VERBE QUI A UN SEUL SUJET

> Le verbe s'accorde en nombre et en personne avec son sujet.

– *Je* **prendrai** le premier train. *Nous* **prendrons...**

– *Tu* **loues** une maison. *Vous* **louez** une maison.

– *L'enfant* **sourit**. *Les enfants* **sourient**.

Ex. 1 à 5 (pp. 47 et 48).

2. LE VERBE QUI A PLUSIEURS SUJETS

a) Les sujets sont à la même personne.

> Le verbe qui a plusieurs sujets de même personne se met au pluriel et prend la personne des sujets.

– *Michel* et *Nicolas* **sont** en pleine santé.

b) Les sujets ne sont pas à la même personne.

> Le verbe qui a plusieurs sujets qui ne sont pas à la même personne se met au pluriel.
> Pour déterminer la personne du verbe, on observe les priorités suivantes :
> – la 1re personne l'emporte sur la 2e ;
> – la 2e personne l'emporte sur la 3e ;
> – la 1re personne l'emporte sur la 3e.

– *Toi* et *moi* **sommes venus** immédiatement.

– *Ton frère* et *toi* **pouvez** vous reposer.

– *Bernadette* et *moi* **sommes allées** au théâtre.

De cela on peut conclure que si les sujets ne sont pas à la même personne, le verbe ne pourra être à la 3ᵉ personne.

Remarque :

> Dans des cas très rares, la 3ᵉ personne peut cependant l'emporter pour des raisons de modestie.
>
> – *Mes voisins* et *moi* vous **souhaitent** bonne chance.

Ex. 6 à 9 (pp. 49 et 50).

II. REMARQUES SUR LES RÈGLES GÉNÉRALES

1. UN SEUL SUJET POUR PLUSIEURS VERBES

Il arrive que plusieurs actions successives soient accomplies par un même être. On a alors un seul sujet pour plusieurs verbes. Souvent, on omet de le répéter pour éviter la monotonie ou pour donner une impression de rapidité.

> – «*Romain* **visait, tirait, manquait.**» (Ramuz.)

Soulignons que lorsqu'il y a un même sujet pour plusieurs verbes à un temps composé, l'auxiliaire peut ne pas être répété.

> – «*Le bateau* **a fumé, sifflé, quitté** le quai, **fait** un quart de cercle et **s'est mis** en route.» (J. Tousseul.)

2. LA PLACE DU SUJET

a) La place du sujet est ordinairement avant le verbe. Certains diront qu'il est à gauche du verbe. La langue populaire répugne à le mettre ailleurs.

> – «*Il* **ouvre** de grands yeux, *il* **frotte** ses mains.» (La Bruyère.)

b) Mais le sujet peut être placé derrière le verbe. Les cas d'inversion du sujet sont particulièrement nombreux.

– Interrogation directe.

> – Que **demande** *ce passant?*
> – «Qu'**avait fait** *ce fou*?» (Plisnier.)
> – **Possèdes**-*tu* les «Impromptus» de Schubert?

– L'interrogation indirecte et la locution adverbiale interrogative «est-ce que» ne demandent pas l'inversion.

> – Je veux savoir où *tu* **vas.**

> – Est-ce que *je* **dois** rester?

– Interrogation avec sujet repris.

> – A qui *Louis XIV* **a**-t-*il* **succédé?**

> – «*Combien de femmes* l'**avaient**-*elles* **habité?**» (Daniel-Rops.)

– La proposition incidente.

> – Je ne pourrai, **répondit** *Louise*, assister à la cérémonie.

> – Il faudrait, **disait**-*il*, remplacer les châssis.

– Dans les hypothèses ou les souhaits.

> – «**Périsse** *le Troyen, auteur de nos alarmes!*» (Racine.)

> – **Soient** *deux triangles isocèles.*

> – **Vivent** *les vacances!*

Remarques:
– «Soit» peut être considéré comme un présentatif ainsi que voici et voilà. Il est alors invariable.
> – Soit deux quadrilatères.

– On pourrait considérer «vive» comme une formule d'acclamation et ne pas l'accorder.
> – Vive les vacances!

– Avec les expressions «peu importe» et «qu'importe».

> – «Peu **importent** *les mobiles.*» (Barrès.)

> – «Qu'**importent** *le hululement de la chouette, le vol rasant et bas des hiboux apeurés* sous le faîtage de la maison incendiée.» (Rabemananjara.)

Remarque:
Dans ces expressions, «importe» est parfois laissé au singulier alors que le sujet est au pluriel.

> – «Peu **importe** *les noms.*» (Vercors.)

> – «Qu'**importe** *ces pierres de taille.*» (Péguy.)

– Dans les phrases qui commencent par des adverbes ou des locutions adverbiales comme «ainsi, à peine, aussi, peut-être, sans doute...»

> – Peut-être **viendra**-t-*elle* avant Pâques.

> – A peine **avait**-*il* **terminé** qu'il s'en allait en courant.

– Dans les propositions d'opposition introduites par «quelque» et «tout».

> – «Quelque belles et glorieuses que **fussent** *ses visions*, sa vie dès lors avait changé.» (J. Michelet.)

> – Tout importants que **puissent** être *ces résultats*...

– Dans certaines propositions de condition.

> – «Les cases rondes seraient toutes semblables, n'**étaient** *les peintures qui les décorent extérieurement.*» (Gide.)

Remarque:

On peut laisser le verbe invariable quand on assimile la locution de condition à la préposition «sauf».

> «Le visage aurait paru passable, n'**eût été** les yeux gonflés de batracien.» (Mauriac.)

– Dans certaines propositions relatives.

> – «Ils chantent une vieille chanson qu'**ont chantée** *leurs grand-mères* quand elles étaient petites filles et que **chanteront** un jour *les enfants de leurs enfants.*» (France.)

– Dans les phrases qui commencent par un adjectif attribut.

> – Emouvante **fut** *cette manifestation.*

> – Telle **est** *ma conclusion.*

– Dans la langue administrative.

> – **Sont reçus** *les candidats suivants...*

– Dans les phrases où on veut mettre un terme en relief ou rechercher un certain équilibre. On peut alors parler d'inversions littéraires.

> – «De sa propre autorité **se changeait** *le linge,* **se faisait** *la lessive* et **s'emmagasinaient** *les provisions.*» (Balzac.)

– «Le long d'un clair ruisseau **buvait** *une colombe.*» (La Fontaine.)

3. LES SUJETS SONT ANNONCÉS OU REPRIS.

Pour mettre certains mots en évidence, on peut annoncer le sujet par un pronom. L'accord se fait alors avec le pronom.

– «*Elles* **étaient** atroces, *vos cerises*, ma pauvre Mamette.» (Daudet.)

Le nom sujet peut être repris par un pronom.

– «*Ses idées*, que **sont**-*elles* donc?» (P. Emmanuel.)

4. LES ACCORDS ATTRACTIFS

Le sujet est parfois séparé du verbe par un ou plusieurs mots. Quand le mot intercalé est un pronom personnel, il risque d'exercer une certaine contagion sur le verbe qu'on aura alors tendance à accorder avec lui.

Cela s'explique par le fait que le plus souvent le sujet se trouve juste devant le verbe.

– «*Elle* les **avait** souvent **aperçus** entre les arbres...» (A. Maillet.)

– «*Personne* ne t'**aimera** comme je t'aime.» (Camus.)

5. ACCORD AVEC LE CENTRE DU GROUPE DU SUJET

Quand le sujet est composé de plusieurs mots, il est nécessaire d'en repérer le centre, c'est-à-dire le mot le plus important, celui auquel les autres se rapportent. En effet, c'est le centre du groupe du sujet qui commande l'accord du verbe.

– «*La vue des villages qui fuient devant moi* **ressuscite** tout mon passé d'enfant.» (J. Vallès.)

– « *Les sautes de vent incessantes* **continuaient** bien à faire alterner les journées tièdes de pluie avec ces matins de gel. » (Hémon.)

Parfois, l'écart entre le sujet et le verbe est considérable.

– « C'est alors qu'**apparut**, tout hérissé de flèches,
Rouge du flux vermeil de ses blessures fraîches,
Sous la pourpre flottante et l'airain rutilant,
Au fracas des buccins qui sonnaient leur fanfare,
Superbe, maîtrisant son cheval qui s'effare,
Sur le ciel enflammé, l'*Imperator* sanglant. » (Heredia.)

6. L'IMPORTANTE DU CONTEXTE

Dans beaucoup de cas, notamment dans ceux où on fait l'accord suivant le sens, il est indispensable de connaître le contexte pour pouvoir accorder le verbe.

– « *Lopez, ton père et le mien,* l'**envoya** à ma mère peu de jours après ma naissance. » (Chateaubriand.)

Chactas s'adresse à Atala. Chactas fut recueilli et élevé par l'Espagnol Lopez lequel devint ainsi son père adoptif. Or, Atala est née d'un premier mariage de sa mère avec ce même Lopez. Celui-ci est donc le père d'Atala et le père adoptif de Chactas. Il s'agit donc d'une seule et même personne. Le verbe doit être au singulier.

Exercices récapitulatifs 10 à 13 (pp. 50-52).

TROISIÈME PARTIE

RÈGLES PARTICULIÈRES
DE L'ACCORD DU VERBE QUI A UN SEUL SUJET

1. LE SUJET EST UN NOM COLLECTIF
SUIVI DE SON COMPLÉMENT

a) Commençons par rappeler qu'un nom collectif est un nom qui, même au singulier, désigne un ensemble, une collection d'êtres ou d'objets.

Exemples: une équipe, un essaim, un tas...

b) L'accord se fait suivant le sens. Il faut voir quelle est la pensée de l'auteur.

– accord avec le nom collectif si l'on envisage la totalité, le groupement;

– accord avec le complément si l'on pense individuellement aux êtres, aux objets. On insiste alors sur la pluralité, sur le détail.

– Une *file* de voitures **ondulait** dans l'avenue.
(C'est l'ensemble qui prend une certaine forme.)

– Une foule d'*impressions* **se succèdent** en moi.
(Les impressions se présentent l'une après l'autre.)

c) Certains cas paraissent évidents. Ils imposent un accord et excluent l'autre.

– Sur la place, la *foule* des badauds **fut divisée** en deux par le passage d'une ambulance.

– «... Une succession d'*événements* qui, en s'enchaînant, **s'annuleraient...**» (Perec.)

d) Le choix est libre quand le contexte ne privilégie ni l'idée d'ensemble ni l'idée de détail.

– *Une foule d'émeutiers* **se rua (ruèrent)** sur la barricade.

e) Dans une même phrase, deux verbes peuvent s'accorder différemment.

– «... et *ce torrent d'hommes qui* **fuyaient rejaillissait** des deux côtés jusqu'au sommet des murailles.» (Flaubert.)

f) Cette règle peut s'étendre aux expressions comme «un grand nombre, une bonne partie, une foule de, une infinité de, une troupe de, la totalité de, une quantité de, une masse de...»

– «Le plus grand *nombre* des invités **s'en alla.**» (Tharaud.)

– «Une *partie* des gentilshommes **reste** à la cour.» (Hugo.)

– Une foule *d'amis* **sont venus** nous présenter leurs condoléances.

– L'*infinité* des vallées alpestres **étonne** l'homme de la plaine.

– Une troupe de *monitrices*, jeunes et dynamiques, **viennent** tous les jours amuser les enfants.

– La *totalité* des commandes **sera fournie** dans les plus brefs délais.

– Une quantité de *boutures* **ont été perdues**.

– La *masse* des acheteurs **s'avança.**

Remarque:

On mettra le pluriel si le nom collectif est précédé d'un pronom partitif.

J'*en* vois *un grand nombre* qui n'**ont** pas cette chance.

2. LE SUJET EST UN NOM (OU UN PRONOM) SUIVI D'UN COMPLÉMENT DÉTERMINATIF

a) L'accord se fait ordinairement avec le nom ou le pronom.

– La *splendeur* des champs **augmentait** de jour en jour.

– «*Chacun* des préparatifs me **donnait** un coup au cœur.» (Gracq.)

b) Le verbe s'accorde avec le complément si on a affaire à des noms comme «espèce, façon, manière, sorte, type» qui ont perdu leur valeur nominale.

> – Un certain type d'*exercices* **ont été prévus.**
> (Certains exercices).
>
> – Le *type* le plus connu des personnages des romans de Balzac **est** sans doute le père Grandet.
> (L'individu qui réunit des caractéristiques exemplaires).

Ex. 14 et 15 (p. 52).

3. LE SUJET EST UN ADVERBE DE QUANTITÉ SUIVI DE SON COMPLÉMENT

a) L'accord se fait avec le complément.

> – Beaucoup de *temps* **est consacré** aux palabres.
>
> – «Bien des *hivers* **avaient mordu** leurs os...» (Chraïbi.)
>
> – «Combien de *proscrits*, mis au pied du mur, **eussent refusé** d'échanger cet étrange affranchissement de tout leur être...» (Troyat.)

b) Si le complément n'est pas exprimé, le verbe s'accorde suivant le sens.

> – Beaucoup ne **sont** pas **venus.**
> («De *gens*» est sous-entendu.)

c) Lorsque l'idée de quantité prévaut, le verbe se met au singulier.

> – *Trop* de meubles **encombrait** la pièce.
> (L'excès).
>
> – *Beaucoup* **dépendra** de nos initiatives.
> (La plus grande partie).

d) «Nombre de, quantité de...» ne sont plus assimilables aux noms collectifs quand ils sont employés sans article et sans déterminatif. Ils deviennent alors des adverbes de quantité et en suivent les règles.

> – Quantité de *gens* **s'ennuient** le dimanche.
>
> – Nombre d'*éléments* **manquent** à mon information.

e) Si «nous» (ou «vous») est complément d'une expression de quantité, c'est celle-ci qui commande l'accord en personne.

- *Nombre d'entre vous* l'**ont appris** par la radio.

- *Tant de nous* le **regrettent** toujours.

- *Quatre d'entre nous* **partirent** plus tôt.

On ne fera l'accord avec le pronom que si l'on veut s'inclure dans le groupe. Cet usage est très rare.

- *Quelques-uns d'entre nous* **étions** fort jeunes à cette époque.

f) Le verbe qui a pour sujet la locution indéfinie «plus d'un(e)» se met au singulier sauf s'il y a réciprocité ou répétition.

- *Plus d'une* **s'en mordra** les doigts.

- Dans «Le Bourgeois gentilhomme», *plus d'un personnage* **se critiquent** l'un l'autre. (Réciprocité).

- *Plus d'un musicien, plus d'un peintre* **ont aimé** cette région. (Répétion).

Remarque:

Il est tout à fait exceptionnel qu'on veuille donner une idée de pluralité et qu'on mette le verbe au pluriel.

- *Plus d'un* **se sentaient** las. (Mauriac.) (M.G.)

g) L'expression adjectivale ou adverbiale «moins de deux» est ordinairement suivie d'un verbe au pluriel, l'attention portant sur le complément.

- *Moins de deux semaines* **s'étaient écoulées**.

Remarque:

Il est très rare qu'on ait affaire à des noms de personnes. Alors, le singulier s'impose.

- *Moins de deux gardiens* **eût été** insuffisant.

Ex. 16 (p. 53).

4. LE SUJET EST «LA PLUPART» SUIVI DE SON COMPLÉMENT

a) Quand le sujet est l'expression nominale «la plupart», l'accord se fait normalement avec le complément.

> – La plupart du *temps* **se perd** en bavardages.

> – La plupart des *arbres* **ont retrouvé** leur parure.

b) Lorsque le complément est sous-entendu, il est censé être au pluriel.

> – La plupart le **pensent** (= des *gens*).

c) Quand le complément est l'un des pronoms «nous, vous», le verbe se met à la 3e personne, sauf si l'on veut s'inclure dans le groupe.

> – *La plupart d'entre nous* n'y **retourneront** pas.

> – *La plupart d'entre nous* **avions** déjà **choisi**.

Remarque :

L'accord avec «la plupart» pris dans le sens de «la plus grande part» est très rare et archaïque. N'en tenez pas compte.

> – «La *plupart* des enfants n'**a** pas cette volonté.» (Sand.) (M.G.).

5. LE SUJET EST «LE PEU» (OU «CE PEU», «NOTRE PEU»...) SUIVI DE SON COMPLÉMENT

a) Lorsque le sujet est la locution nominale «le peu», l'accord se fait suivant le sens :

– avec «le peu» s'il exprime l'idée dominante, si on ne peut le supprimer sans ruiner le sens de la phrase.

> – *Le peu* d'entraînements que vous avez suivi **explique** votre méforme. (= Quantité insuffisante.)

– avec le complément s'il s'impose, si «le peu» peut être supprimé sans ruiner le sens de la phrase.

> – Le peu d'*entraînements* que vous avez suivis **ont amélioré** votre condition physique. (= Petite quantité suffisante.)

b) Deux accords sont parfois possibles.

> – *Le peu* de renseignements que j'ai reçu ne m'**a** pas **éclairé.**

> – Le peu de *renseignements* que j'ai reçus ne m'**ont** pas **éclairé.**

c) Avec «peu» ou «peu de», on applique la règle relative aux adverbes de quantité.

> – Peu d'*argent* m'**est** nécessaire.

> – Peu **sont** du même avis (= de *gens).*

Ex. 17 (p. 53).

6. LE SUJET EST LE PRONOM INDÉFINI «ON»

Le verbe qui a pour sujet le pronom indéfini «on» se met à la 3e pesonne du singulier.

> – «*On* n'**aime** pas qu'on dise du mal de nous.» (Pascal.)

Remarques :

> – L'adjectif et le participe passé qui se rapportent au sujet «on» sont habituellement au masculin singulier.

> > – «*On* **était frappé** surtout du ton rougeâtre et sombre des pierres.» (Proust.)

> – Mais lorsque «on» a valeur de pronom personnel, l'adjectif et le participe passé varient.

> > – «*On* **dort** entassés dans une niche de pierre battue.» (Loti.)

> > – «*On* n'**est** pas toujours jeune et belle.» (Ac.)

7. LE SUJET EST LE PRONOM IMPERSONNEL «IL»

a) Le verbe qui a pour sujet le pronom impersonnel «il» se met toujours à la 3e personne du singulier : il n'y a jamais d'accord avec le sujet réel.

- «Toujours, *il* **demeurera** quelques faits...» (Michaux.)

- «Ici, *il* n'y **avait** plus d'arbres d'aucune espèce...» (Ramuz.)

- *Il* me **manque** deux brebis.

b) Outre «il», «ce» (ou «c'») peut être sujet apparent.

- *C'***est** une erreur de répondre.

Ex. 18 (pp. 53 et 54).

8. LE SUJET EST LE PRONOM DÉMONSTRATIF «CE» (OU «C'»)

a) Le verbe «être» qui a pour sujet le pronom «ce» se met au pluriel quand l'attribut est un nom pluriel ou un pronom de la 3e personne du pluriel.

- «*Ce* **sont** les armées de la guerre du mouvement et du bruit.» (Le Clézio.)

- «Ceux qui vivent, *ce* **sont** ceux qui luttent.» (Hugo.)

b) Quand l'attribut est un pronom d'une autre personne que la 3e, le verbe se met au singulier.

- «*C'***est** nous qui décidons, comme il est d'usage.» (Badian.)

- «*C'***est** vous qui m'avez donné la permission.» (Ionesco.)

Remarques :

- Dans la langue parlée et, dans une moindre mesure, dans la langue écrite, on trouve souvent le verbe au singulier devant un pronom de la 3e personne du pluriel et devant un nom pluriel.

  - «*C'***est** eux qui le veulent.» (Dumas.)

  - «Ils les examinèrent : *c'***était** des blocs de sel.» (Tournier.)

Cependant cette latitude est peu répandue dans la langue littéraire, même si l'on considère que les écrivains se doivent de faire parler leurs personnages au niveau de langue qui est le leur. L'évolution actuelle permet sans doute de tolérer le singulier devant «eux» et «elles», mais nous pensons qu'il est prudent de garder le pluriel dans les autres cas, sauf s'il doit s'agir d'un registre familier.

– Quand le sujet est «ceci» ou «cela», on a aussi bien le singulier que le pluriel.

> – «*Ceci* **est** des souhaits.» (L.)
> – «Mais *ceci* **sont** plutôt des souhaits vagues.» (Rousseau.)
> (M.G.)

d) On mettra plutôt le singulier quand «ce» (ou «c'») équivaut à «cela» et rend une idée qui précède.

> – «La France, *ce* n'**est** pas eux, *c'*est une entité extérieure.» (Lacouture.)
> – «Car les racines, *c'*est aussi les morts.» (Maillet.)

e) Lorsque l'attribut est composé de plusieurs noms au singulier ou au pluriel, on peut mettre le singulier ou le pluriel. Notons cependant que le pluriel prédomine dans la langue littéraire.

> – «On a proclamé: l'homme, *ce* **sont** ses fantasmes, ses pulsions, ses désirs cachés.» (Malraux.)

f) On mettra le verbe au singulier si les attributs semblent être rejetés successivement.

> – «*Ce* n'**est** pas la ville de pierres que je chéris, ni les conférences, ni les musées...» (Mauriac.)

g) La même remarque s'impose s'il faut prendre un attribut à la fois ou quand les attributs désignent le même être ou la même chose.

> – «*C'*est ici ma maison, mon champ et mes amours.» (Hugo.)
> – «*C'*était ma fée,
> Et le doux astre de mes yeux.» (Hugo.)
> – «*Ce* n'était plus ma délicieuse Henriette, ni la sublime et sainte Madame de Mortsauf...» (Balzac.)
> (Henriette = Madame de Mortsauf.)

h) Le verbe doit rester au singulier quand le nom qui suit n'est pas attribut.

> – *C'*est des enfants qu'elle s'inquiète.
>
> (= Elle s'inquiète des enfants.)
>
> – *C'*est par les bois qu'il est venu.
>
> (= Il est venu par les bois.)

Il y a emphase. «C'est... que » est un gallicisme.

i) On choisit aussi le singulier quand on pense à un tout, à une globalité.

> – *C'*est quatre heures qui sonnent. (= quatrième heure).
>
> – *Ce* **sont** quatre heures qui m'ont paru fort longues.
>
> – *C'*est cinq mille francs qu'il me doit. (= somme).
>
> – *Ce* **sont** cinq mille francs qui ont été difficiles à gagner.

j) On préfère le pluriel quand l'attribut est une énumération.

> – Il y a trois temps fondamentaux. *Ce* **sont**: le passé, le présent et le futur.

k) Outre au verbe «être», la règle s'applique aussi à «ce doit être, ce peut être, ce ne saurait être».

> – *Ce* **devaient être** des étourneaux.
>
> – *Ce* ne **peuvent être** que des souris.

l) «Fût-ce», «ne fût-ce que» et «si ce n'est» sont des expressions figées qu'il ne faut pas accorder.

> – **Fût-***ce* mes meilleures amies.
>
> – Si *ce* n'**est** les Provençaux, il ne fréquente personne.

Ex. 19 à 21 (pp. 54 et 55).

9. LE SUJET EST LE PRONOM RELATIF «QUI»

a) Accord en nombre et en personne avec l'antécédent ou les antécédents.

– « Moi *qui* vous **dis** que rien n'est perdu... » (de Gaulle.)

– « Louange à Toi *qui* m'**as exaucé,** *qui* T'**es fait** mon salut. » (Bible.)

– « C'est le Basque *qui* **avait raison.** » (Maillet.)

– « O Morts *qui* **avez** toujours **refusé** de mourir... » (Senghor.) (« Morts » est un mot mis en apostrophe et est donc de la 2e personne.)

– Elle et moi *qui* **prenons** du thé, nous patienterons un peu.

Remarque :

Les autres règles peuvent se combiner avec celle-ci.

b) Pronom personnel + verbe copule + attribut + « qui » + verbe.

– Accord avec l'attribut s'il est précédé d'un article défini, s'il présente une idée démonstrative, si la phrase est négative ou interrogative.

– « Je suis le jour *qui* **va** naître. » (Rolland.)

– Vous êtes celle *qui* **chante** le mieux.

– Vous n'êtes pas des gens *qui* **fuient** le travail.

– Es-tu celle *qui* **joue** du violon tous les jours ?

– Accord avec le pronom personnel si l'attribut est formé d'un nombre ou d'une expression numérale.

– Nous sommes cinq amis *qui* **partons** ensemble.

– Vous êtes plusieurs *qui* le **croyez.**

– Le choix est permis dans les autres cas, notamment quand l'attribut est précédé d'un article indéfini.

– Nous sommes des touristes *qui* **cherchent** (**cherchons**) à se loger.

– Le choix est également permis quand l'attribut est « le seul, le premier, le dernier... » ou un nom propre sans déterminatif.

– Tu es la seule *qui* **soit** (**sois**) **venue** à mon secours.

– Je suis Françoise, *qui* vous **a** (**ai**) tant **parlé.**

c) Après «un des, une des, un de, une de, un de ceux, une de celles, un de ces, une de ces», le verbe s'accorde suivant le sens.

> – Il emprunta un des sentiers *qui* **conduisent** au sommet.
> (Plusieurs sentiers conduisent au sommet.)

> – Elle répondit à l'un des policiers *qui* l'**interrogeait.**
> (Il y a plusieurs policiers, mais un seul l'interroge.)

> – Une de celles *qui* **organisaient** l'exposition m'a indiqué les jours et heures d'ouverture. (Plusieurs organisatrices).

> – Yvon est un de ceux *qui* **connaît** le mieux le Val d'Aoste.
> (On insiste sur la singularité du personnage en utilisant le superlatif.)

> *Ex. 22 à 24 (pp. 55 et 56).*

10. LE SUJET EST LE TITRE D'UNE ŒUVRE

a) Si le titre est précédé d'un nom comme «le livre, l'ouvrage, la pièce, le roman, la fable...», c'est ce mot qui commande l'accord.

> – La *fable* «Le Corbeau et le Renard» **est** fort connue.

> – Le *roman* «La Princesse de Clèves» **est dû** à Madame de La Fayette.

b) Parfois le nom est sous-entendu, mais l'accord se fait quand même avec lui.

> – Parmi les pièces de Molière, «Les Fourberies de Scapin» **est considérée** comme une farce.

c) Quand le titre a comme centre un nom précédé d'un article ou d'un déterminant, l'accord se fera de préférence avec ce nom.

> – «*Les Misérables*» **sont** peut-être le chef-d'œuvre
> de V. Hugo.

d) Singulier quand le centre du titre n'est pas précédé d'un article ou d'un déterminant ou quand on considère que le titre signifie «cela».

> – «*Fêtes* galantes» **est** une œuvre délicate.

> – «Les Illusions perdues» **fait partie** de la «Comédie humaine».

> – «Bouvard et Pécuchet » n'**est** pas un roman de premier plan.
> *Ex. 25 (p. 56).*

11. LE SUJET EST UNE INDICATION NUMÉRALE

a) Lorsque le sujet est composé d'un nom de nombre suivi de son complément, le verbe s'accorde avec le nom de nombre si la quantité est précise. Si elle ne l'est pas, on fera plutôt l'accord avec le complément.

> – Une *douzaine* d'œufs vous **coûtera** cinquante francs.

> – Une douzaine de *gamins* **criaient** à tue-tête.

b) Quand le sujet pluriel est précédé d'un adjectif numéral, on met le pluriel sauf si l'on considère le total, l'ensemble, la somme.

> – *Trois cents manifestants* **avaient été arrêtés.**

> – Cent francs **est** excessif. (= somme).

> – Soixante ans *est* parfois un âge critique.

c) Si l'adjectif numéral est précédé d'un article ou d'un déterminant (adjectif non qualificatif), le pluriel s'impose.

> – *Ces cinq francs* d'augmentation **ont été** mal **acceptés.**

d) Les mots multiplicatifs ne changent pas le nombre du nom.

> – «La double *détonation* **déchira** la nuit avec un fracas effrayant...» (Lemonnier.)
> *Ex. 26 (p. 57).*

e) L'article peut nous aider à connaître le nombre du nom.

– «C'est le bruit que **fait** le *mille-pattes*...» (Robbe-Grillet.)

12. LE SUJET EST UNE FRACTION

a) Le sujet est une expression comme «une heure et demie, deux mètres un quart...». Accord avec le 1er élément.

– Trois *heures* et demie **sonnaient**.

– Un *mètre* et demi **suffira**.

b) Si le sujet est une fraction au singulier, on fait l'accord avec la fraction s'il s'agit d'une quantité précise ou si la pensée s'arrête au terme quantitatif. Mais on fera plutôt l'accord avec le complément si le nombre est approximatif.

– La *moitié* des sénateurs **a voté** contre.

– Un quart des *gens* interrogés n'**ont** pas **répondu**.

c) Si la fraction est au pluriel, le verbe se met au pluriel.

– *Les trois quarts* de la population **sont** à la retraite.

Ex. 27 (p. 57).

13. LE SUJET EST UN POURCENTAGE
SUIVI D'UN COMPLÉMENT

a) Le complément est au singulier.

– accord avec le complément si la pensée s'y arrête ou s'il y a globalisation.

– Dix pour cent de la *population* **s'est abstenue**.

– Moins de quinze pour cent du *budget* **peut changer** d'affectation.

– accord avec le pourcentage s'il prédomine, si le complément est employé sans article et sans déterminatif ou si le pourcentage est précédé d'un article ou d'un déterminatif.

> – *Vingt pour cent* de la population **se sont abstenus.**

> – *Quatre pour cent* d'augmentation **sont accordés.**

> – Les *trente-cinq pour cent* du capital **sont** mal **placés.**

b) Le complément est au pluriel. Le verbe se met alors au pluriel.

> – *Quarante pour cent des frais* ne **seraient** pas **récupérés.**

c) S'il n'y a pas de complément, le verbe se mettra au pluriel sauf si l'expression de pourcentage se suffit à elle-même.

> – *Soixante pour cent* **ont été réinvestis.**

> – Quel profit faut-il prendre? Trente pour cent **suffira.**

> *Ex. 28 (pp. 57 et 58).*

14. LE SUJET EST «LE RESTE DE, CE QUI RESTE DE, CE QU'IL Y A DE, CE QUE J'AI DE»

On met le singulier ou le pluriel suivant l'idée de l'auteur. Mais ajoutons que le singulier prédomine.

> – «*Le reste des naufragés* **a (ont) péri.**» (L.)

15. LE SUJET EST «TOUTE SORTE DE, TOUTE ESPÈCE DE» + NOM COMPLÉMENT

Ce cas, vraiment très rare, demande l'accord avec le complément.

> – «Toute sorte de *livres* ne **sont** pas également bons.» (Ac.)
> *Exercices récapitulatifs 29 à 33 (pp. 58-60).*

QUATRIÈME PARTIE

RÈGLES PARTICULIÈRES DE L'ACCORD DU VERBE QUI A PLUSIEURS SUJETS

1. SUJETS SYNONYMES, PLACÉS EN GRADATION,
   ANNONCÉS OU RÉSUMÉS, SUJETS QUI S'EXCLUENT,
   SUJETS PLACÉS DE PART ET D'AUTRE DU VERBE,
   SUJETS DÉSIGNANT UN SEUL ÊTRE,
   SUJETS PRIS GLOBALEMENT OU SUCCESSIVEMENT

a) Lorsque les sujets sont synonymes, le verbe s'accorde avec le dernier.

– La fortune, la *richesse* ne **rend** pas heureux.

b) Idem quand les sujets sont placés en gradation (ascendante ou descendante), notamment quand il y a répétion de «chaque, tout, nul, pas un, aucun...».

– «Crainte, souci, même le plus léger *émoi* **s'évaporait** dans son sourire.» (Gide.)

– Chaque arbre, chaque arbuste, chaque plante, *chaque brin d'herbe* **attendait** la fraîcheur du soir.

c) Idem quand les sujets sont résumés et repris par un pronom ou un nom.

– «Les peupliers, les ormes, *tout* **était** bien venu.» (Balzac.)

d) Idem lorsque les sujets sont annoncés par un pronom (ou un nom) qui en fait la synthèse.

– «*Tout* **chantait** sous ces frais berceaux,
Ma famille avec la nature,
Mes enfants avec les oiseaux!...» (Hugo.)

e) Si on met un sujet à l'écart, le singulier s'impose.

– «Jamais le génie, en tout cas jamais le *talent,* n'**a été** l'apanage de la misère.» (Jean d'Ormesson.) (J.H.)

f) Idem si les sujets désignent le même être.

– Le vainqueur d'Austerlitz et l'exilé de l'île d'Elbe **débarque** au golfe Juan. (= Napoléon).

g) Idem si un seul des sujets précède le verbe.

– «*Albe* le **veut**, et Rome.» (Corneille.)

h) Idem quand les sujets qui suivent le verbe sont pris globalement ou successivement.

– «Que me **fait** le *coteau*, le toit, la vigne aride?» (Lamartine.)

– Tantôt **viendra** *la pluie,* et le froid, et la nuit.

i) Idem quand un sujet englobe l'autre.

– La *Provence*, et particulièrement la région de Châteauneuf, nous **propose** des vins excellents.

2. LES SUJETS SONT DES INFINITIFS

a) Lorsque deux infinitifs désignent une seule et même idée et doivent être pris ensemble, le verbe se met au singulier.

– Prêcher des économies et dépenser sans compter **est** inacceptable.

b) Lorsque les deux infinitifs ne peuvent être réunis et doivent être distingués, le verbe se met au pluriel.

– «*Promettre* et *tenir* **sont** deux.» (Ac.)

Ex. 34 et 35 (pp. 60 et 61).

3. SUJETS JOINTS PAR UNE CONJONCTION
   DE COMPARAISON (COMME, AINSI QUE...)

a) Accord avec le 1er sujet s'il exprime l'idée dominante. La conjonction a alors sa pleine valeur comparative. Le 2e terme a une valeur secondaire et se trouve souvent placé entre virgules.

> – «... votre *nation,* ainsi que la plupart des autres, **construira** des machines...» (Bernanos.)

b) Accord avec les deux sujets s'il n'y a pas comparaison mais addition. La conjonction marque alors la coordination et la virgule tend à disparaître.

> – Le *moineau* ainsi que l'*alouette* **sont** des passereaux.

c) Lorsqu'un sujet est suivi de «avec» et d'un complément, il suit la même règle.

> – «Et l'*épouse*, avec l'époux, **peut** ne trouver au point d'eau qu'une vase...» (Giraudoux.)

> – «Le *singe* avec le *léopard* **gagnaient** de l'argent à la foire.» (La Fontaine.)

4. SUJETS JOINTS PAR «NON, ET NON, NON MOINS QUE,
   PLUTÔT QUE, PAS PLUS QUE, NON PLUS QUE,
   ET NON PAS SEULEMENT, PERSONNE D'AUTRE QUE,
   SINON, BIEN MOINS QUE...»

Le sens demande de faire l'accord avec le 1er des deux éléments ou avec celui qui supplante l'autre.

> – «L'*oreille,* non moins que l'œil, **recueille** les changements qu'apporte presque chaque méandre de la rivière.» (Gracq.)

> – «Cependant la *religion* pas plus que la chirurgie ne **paraissait** le secourir.» (Flaubert.)

– « Mais le *Bassin parisien,* et non seulement la capitale et sa banlieue, lui **donne** de nombreux sièges. » (J. Fauvet.)

Remarque :

> Avec « non seulement... mais encore, mais aussi, mais surtout... », l'accord se fait avec l'élément le plus rapproché ou avec tous les éléments.
>
> – Non seulement sa sœur, mais surtout elle-même **voulait (voulaient)** habiter la ville.

Ex. 36 (p. 61).

5. SUJETS JOINTS PAR « OU » OU PAR « NI »

a) Accord au pluriel si c'est l'idée d'addition qui domine.

– La *promenade* ou la *lecture* **occupaient** mes vacances.

– « Le *soleil* ni la *mort* ne se **peuvent** regarder fixement. » (La Rochefoucauld.)

b) Accord avec le sujet le plus rapproché s'il y a disjonction, opposition, exclusion ou si le 2e sujet englobe le premier.

– Hervé ou Denis **sera** capitaine de l'équipe.
(Il n'y a qu'un seul capitaine par équipe.)

– « La douceur ou la violence en **viendra** à bout. » (Ac.)
(Les deux sujets ne peuvent en même temps faire l'action.)

– Ni moi ni personne ne **pourra** y parvenir.
(Le 2e sujet recouvre le premier.)

c) Lorsque les sujets ne sont pas de la même personne et qu'il y a conjonction, addition, on applique la règle de priorité des personnes.

– Elle ou moi **viendrons** immédiatement.

– « Le roi, l'âne ou moi, *nous* **mourrons**. » (La Fontaine.)

d) Lorsque les sujets ne sont pas de la même personne et qu'il y a disjonction, on ne pourra accepter le pluriel. La tournure devra être changée.

– (Hervé ou toi serez nommés capitaines.) (Inacceptable.)

– Ce n'est ni Hervé ni toi qu'on nommera capitaine.

e) Accord avec le seul 1er sujet si le 2e suit le verbe.

   – Le *temps* le **ramènera** à la raison, ou un miracle.

f) Singulier si le 2e terme est synonyme du premier.

   – L'adagio ou mouvement lent **peut** être très solennel.

g) Singulier si les sujets sont joints par «ou plutôt, ou mieux, ou même, ou pour mieux dire...». Le 2e sujet exclut le premier.

   – La neige, ou plutôt le *verglas,* **provoque** des accidents.

h) Si l'un des deux sujets est au pluriel, il est préférable de mettre le verbe au pluriel.

   – C'est votre étalage, ou vos conditions de vente, qui l'**ont attiré**.

   – Ni la grande chaleur ni les fortes pluies ne **sont** souhaitables.

i) Singulier avec les sujets précédés de «tantôt, parfois, soit». Il y a alors alternative. Mais quand celle-ci n'est pas évidente, le pluriel est acceptable.

   – Tantôt un visiteur, tantôt le téléphone l'**empêchait** de terminer l'étude du dossier.

   – Tantôt Geneviève, tantôt Blandine **conduisait** la voiture.

   – Parfois l'ennui, parfois la fatigue le **faisai(en)t** sommeiller.

Remarque:

   Quant un des sujets est au pluriel, le verbe se met au pluriel.

   – Tantôt les enfants, tantôt le chien **saccageaient** les bordures de fleurs.

j) Si le sujet est l'expression «tel ou tel» («telle ou telle») (pronom ou adjectif), le verbe se met au singulier.

   – Si tel ou tel me **demandait**, dites-lui que je suis en conférence.

   – Si telle ou telle suggestion **était acceptée,** le projet serait meilleur.

Ex. 37 (p. 62).

6. LES SUJETS SONT «L'UN OU L'AUTRE, L'UNE OU L'AUTRE»

Qu'elles jouent le rôle de pronom ou d'adjectif, ces expressions marquent plutôt la disjonction. On conseillera donc le singulier, sauf si le sens s'y oppose ouvertement.

> – L'un ou l'autre enfant **doit** avoir les clefs.

> – «Puis l'une ou l'autre **disait** quelque chose...» (Ramuz.)

7. LES SUJETS SONT «L'UN ET L'AUTRE, L'UNE ET L'AUTRE»

Qu'elles aient valeur de pronom ou d'adjectif, ces locutions marquent plutôt l'addition. On conseillera donc le pluriel, sauf si le sens s'y oppose expressément.

> – *L'une et l'autre* **sont** très dynamiques.

> – *L'une et l'autre tactique* **eurent** le même résultat.

> – *L'une et l'autre fleur* **sont** vivaces.

8. LES SUJETS SONT «NI L'UN NI L'AUTRE, NI L'UNE NI L'AUTRE»

Quand l'expression a valeur pronominale, on aura aussi bien le singulier que le pluriel, selon qu'on veut marquer la disjonction ou l'addition.

> – Ni l'un ni l'autre ne m'**a (ont) averti**.

b) Si l'expression a valeur d'adjectif et si le nom qui la suit est au singulier, le verbe demandera habituellement le singulier.

> – Ni l'une ni l'autre méthode n'**est** satisfaisante.

c) L'accord se fait parfois avec «nous» (ou «vous») sous-entendu.

> – Ni l'une ni l'autre n'**étions** désireuses de continuer. (Nous.)

> – Ni l'une ni l'autre ne **consentirez** à ce projet. (Vous.)

Ex. 38 (p. 62).
Exercices récapitulatifs 39 à 42 (pp. 63 et 64).
Exercices récapitulatifs sur la totalité des règles 43 à 50 (pp. 64-68).

CINQUIÈME PARTIE

EXERCICES

RÈGLE GÉNÉRALE : LE VERBE À UN SEUL SUJET.

1   1. Maria Chapdelaine [ajuster, p.s.] sa pelisse autour d'elle, [cacher, id.] ses mains sous la grande robe de carriole en chèvre grise et [fermer, id.] à demi les yeux. (Hémon.) – 2. Le vent [se lever, ind. prés,] harde de serpents et de serpes. Il [surgir, id.], [meugler, id.], [renverser, id.] des cruches,[se briser, id.], torrent de fenêtres dans les carrières de grès, [aiguiser, id.] les façades, [siffler, id.], pipeau rauque, dans les gouttières percées. (J.-P. Otte.) – 3. Son train de vie au milieu des étangs, en compagnie de quelques pâtres aussi durs et aussi sauvages que lui, [pouvoir, ind. imp.] le laisser croire... (Bosco.) – 4. Sous le chapeau de l'homme, la minceur ingrate de la forme, ce défaut de l'enfance, [devenir, p.c.] autre chose. (Duras.) – 5. Bélonie, le premier du lignage des Bélonie à sortir du Grand Dérangement, [être, ind. imp.] déjà un vieillard épluché quand la charrette [se mettre, p.s.] en branle. (Maillet.) – 6. Même le caractère quelque peu mythique dont on décore mon personnage [contribuer, ind. prés.] à répandre l'idée que... (de Gaulle.)

2   1. Plusieurs n'en [savoir, cond. prés.] soutenir la pensée... (Pascal.) – 2. Congolais, aujourd'hui [être, ind. prés.] un grand jour... (Césaire.) – 3. Lui-même ne [s'en apercevoir, p.s.] pas tout de suite. (J. Green.) – 4. Atteindre la frontière ou les lieux de passages secrets [être, ind. imp.] leur seul but. (Dongala.) – 5. Quiconque ne [échouer, p.c.] jamais ne [réussir, f.s.] jamais. (Troyat.) – 6. Mais j'ai observé que le mien me [servir, ind. imp.] à fort peu de chose. (Valéry.) – 7. Presque toutes [être, ind. imp.] immobiles : quelques-unes, cependant, [sembler, id.] courir. (Maupassant.) – 8. Je [comprendre, p.c.], moi seul [id.]. (Gide.) – 9. Tel qui rit vendredi dimanche [pleurer, f.s.]. (Racine.) – 10. Ce qui n'est pas clair ne [être, ind. prés.] pas français. (Rivarol.) – 11. [Expliquer, subj. prés.] cela qui pourra. (Estaunié.) (M.G.)

3   1. Un peu plus tard [passer, p.s.] les jeunes gens du faubourg. (Camus.) – 2. Telles [être, p.s.], jusqu'à l'âge de vingt-cinq ans, mes relations avec mon grand-oncle de Malicroix. (Bosco.) – 3. Sire, [répondre, ind. prés.] l'agneau, que Votre Majesté... (La Fontaine.) – 4. Dans Florence, jadis, [vivre, ind. imp.] un médecin. (Boileau.) – 5. Amère [être, ind. prés.] la nécrologie consacrée ce soir-là au régime défunt. (Lacouture.) – 6. [Venir, subj. prés.] la nuit, [sonner, id.] l'heure, les jours [s'en aller, ind. prés.], je [demeurer, id.]. (Apollinaire.) – 7. A cela [s'ajouter, ind. prés.] des prêts à taux privilégié... (*Le Monde*.) – 8. Ne [être, ind. imp.] la longueur, on se croirait devant des sortes de romans. (L. Forestier.) – 9. Je vous [faire, p.c.] peur ? [lancer, p.s.] la voix joyeuse du docteur. (Simenon.) – 10. A leurs pieds [dormir, ind. prés.] mes morts, tous mes rêves faits poussière... (Senghor.)

4 1. Je les lui [promettre, ind. imp.] tant que [vivre, p.c.] son père. (Racine.) – 2. L'enfant les [écouter, ind. prés.] longuement, un à un, diminuer et s'éteindre... (Rolland.) – 3. Patience [masquer, part.prés.] peut-être une paresse... (Leiris.) – 4. Ô visage tel que Dieu te [créer, p.c.]... (Senghor.) – 5. [Daigner, impér. prés.] me conserver toujours un peu d'amitié. (Voltaire.) – 6. Le Seigneur Commandeur [vouloir, cond. prés.] il souper avec moi ? (Molière.) – 7. [Se dépêcher, impér. prés.], s'il vous plaît ! (Renard.) – 8. Et l'idée ne te [venir, p.c.] pas un seul instant d'en appeler à la vraisemblance ? (Courteline.) – 9. Qui m'aima généreux me [haïr, cond. prés.] infâme. (Corneille.) – 10. Le peuple [dire, ind. prés.] je, [regarder, ind. imp. pass.] par eux comme des animaux... (Voltaire.)

5 1. L'ambiguïté déterminante de l'image, elle [être, ind. prés.] dans ce chapeau. (Duras.) – 2. Suivre de fausses routes nous [apprendre, ind. prés.] à marcher. (Troyat.) – 3. Nul ne [pouvoir, ind. prés.] rien pour moi. (Mauriac.) – 4. [Tomber, subj. prés.] sur moi le ciel, pourvu que je [se venger, id.] ! (Corneille.) – 5. Le plus vieux des chasseurs qui s'était mis en quête [regarder, p.c.] le sable... (Vigny.) – 6. La moisson annuelle [s'annoncer, ind. imp.], car bientôt [tomber, cond. prés.] et [pourrir, id.] les fruits. (Pergaud.) – 7. Si le Seigneur ne [bâtir, ind. prés.] la maison, en vain [peiner, id.] les bâtisseurs. (*Bible*.) – 8. Car ils [être, ind. prés.] obscurs tes besoins et incohérents et contradictoires. (Saint-Exupéry.) – 9. Te [aimer, f.s.] le vieux pâtre... (Musset.) – 10. Du sol [monter, ind. imp.] l'odeur des racines d'ajonc, du limon sec et de l'osier pourri. (Bosco.) – 11. [Faire, impér. prés.] énergiquement ta longue et lourde tâche. (Vigny.)

RÈGLE GÉNÉRALE : LE VERBE À PLUSIEURS SUJETS.

6   1. Les oiseaux et les insectes [remplir, p.s.] l'espace d'un concert unanime. (Tournier.) – 2. Le morceau que [interpréter, ind. imp.] J.-P. Rampal et R. Veyron-Lacroix était très rapide. – 3. Ce mutisme et cette immobilité conjugués [venir, ind. imp.] de me précipiter hors de moi. (Jouhandeau.) – 4. L'avarice, la débauche, l'ambition [être, ind. imp.] ses dieux... (Saint-Simon) – 5. Annette et le comte, installés à l'écart, [causer, ind. imp.]. (Rolland.) – 6. ... Une loi que la vertu et la raison ne [savoir, cond. prés.] vous imposer. (de La Fayette.) – 7. Bientôt l'hiver, le froid, la pluie, la neige le [confirmer, cond. prés.) dans sa retraite caverneuse ou aérienne... (Pergaud.) – 8. Sa pâleur maladive et la rose qu'elle tient à la main [faire, ind. prés.] penser aux infantes de Velasquez... (Yourcenar.) – 9. Dois-je entendre que géométrie, algèbre, astronomie, physique, chimie vous [être, ind. prés.] familières ? (Alain.) – 10. Ainsi la verve des railleurs et les griffes des critiques [maintenir, ind. prés.] l'Académie toujours présente... (Druon.)

7   1. Derrière [se trouver, ind. imp.] la distillerie, la buanderie, le pressoir, le poulailler et les réduits à porcs. (Erckmann-Chatrian.) – 2. Mais son nom et le pays rude où il vivait, cet orgueil dont on le parait involontairement [donner, ind. imp.] de la grandeur à sa figure. (Bosco.) – 3. Vous savez mieux que personne quelles [être, ind. prés.] ma charge et ma responsabilité. (de Gaulle.) – 4. A un certain stade de la connaissance, l'erreur et la vérité [voisiner, ind. prés.] toujours, [se superposer, id.] même partiellement... (Troyat.) – 5. Tout près [s'élever, ind. imp.] des bouleaux énormes, des ormeaux, des saules géants. (Bosco.) – 6. Le gouvernement et une partie de la gauche le [comprendre, ind. p.c.]. (*Le Monde.*) – 7. Que [tomber, subj. prés.] et la bénédiction et la reconnaissance d'Allah sur tous les prometteurs de tant de soins... (Kourouma.) – 8. Sa tranquille obligeance, sa voix étouffée et son regard gris-vert [ouvrir, cond. 2e f.] les cœurs les plus durs. (Colette.)

8   1. Anne-Marie et moi [descendre, ind. prés.] de notre wagon. (Bodard.) – 2. Vous et moi, nous [se moquer, ind. prés.] bien de son échec actuel. (Malraux.) – 3. Le chasseur et moi [regarder, ind. imp.] l'écureuil. (Pergaud.) – 4. Ma mère, Lucile et moi, nous [regarder, ind. imp.] le ciel... (Chateaubriand.) – 5. Les tiens et toi [pouvoir, ind. prés.] vaquer sans nulle crainte à vos affaires. (La Fontaine.) (S.) – 6. Ma pauvre fille, [faire, impér. prés.] notre deuil, vous et moi, de la cuisine à la crème. (Bernanos.) – 7. Des amis et moi [prendre, ind. p.c.] la décision de sauver notre pays. (Nokan.) – 8. Ton frère et toi [être, ind. prés.] mes meilleurs amis. (Ac.) – 9. J'ai gagé que cette dame et vous... [être, ind. imp.] du même âge... (Montesquieu.) (M.G.)

9 1. La paresse, la lâcheté [être] des abandons... (Maurois.) – 2. Il s'était attaché à ce visage dont le jeune sérieux et la loyauté lui [être, ind. imp.] une agréable assise... (Rolland.) – 3. Nous [prendre, ind. p.s.], Blanche et moi, la ferme résolution de tenir secrets nos projets... (Duhamel.) – 4. La ferveur religieuse, la montée de son amour adolescent, le son remuant des voix familières [se fondre, ind. imp.] dans son cœur en une seule émotion. (Hémon.) – 5. Anne-Marie et moi, nous [quitter, ind. p.c.] Albert à Shanghaï. (Bodard.) – 6. Malgré tout l'intérêt que leur [porter, ind. prés.] le monde politique et les interlocuteurs sociaux... (*Le Soir.*) – 7. Dans la rue, l'air vif et le mouvement lui [rendre, p.s.] sa lucidité. (Troyat.) – 8. La misère, la patience et le désespoir des bêtes [éveiller, ind. imp.] dans notre cœur las une pitié toute nouvelle... (Duhamel.) – 9. La jeune verdure des allées et leur relative solitude [enchanter, ind. prés.] la petite bande. (Yourcenar.)

RÈGLES GÉNÉRALES: RÉCAPITULATION.

10 1. Elle [vivre, ind. p.c.], Myrto, la jeune Tarentine. (Chénier.) – 2. Avec toute la fumée que [dégager, ind. prés.] ces trains... (Makan.) – 3. [Citer, ind. prés.pass.], par exemple, les effets sur la fonction des plaquettes... (*Le Soir.*) – 4. Le vorace épervier, le corbeau familier et l'aigle terrible des Alpes [faire, ind. imp.] seuls retentir de leurs cris ces cavernes... (Rousseau.) – 5. Peut-être alors me [conduire, cond. p. 2ᵉ f.] il vers la sagesse du vieil Irénée. (Genevoix.) – 6. Que [importer, ind. prés.] ces vaines étiquettes de la défroque coloniale... (Price-Mars.) – 7. Quelles que [être, subj. prés.] l'ampleur de leur cage et l'ingéniosité du décor... (Genevoix.) – 8. Mais la nature dans toute la France les lui [donner, ind. imp.]... (Claudel.) – 9. Plus il le [tenir, ind. imp.] en estime, plus folles [être, id.] ses colères. (Kane.) – 10. Son père, Dominique-Martial, d'une famille de cultivateurs et d'aubergistes, ne [acquérir, ind. p.-q.-p.] qu'une modeste aisance... (Robert.)

11   1. Dans ce lieu de rencontre inattendu où me [transporter, ind. p.-q.-p.] à demi-songe une somnolence inconnue des hommes... (Bosco.) – 2. Les limites imprécises de mon domaine le [rendre, ind. imp.] illimité. (Guéhenno.) – 3. J'aimerais te donner une joie que ne te [donner, cond. p. 1e f.] encore aucun autre. (Gide.) – 4. Et cela, [paraître, ind.prés.] il, si mesurés que [être, subj. imp.] les termes, [éclater, ind. p.s.] comme la sonnerie d'un pas de charge, telles [être, ind. imp.] la fermeté et la netteté de la voix. (Guéhenno.) – 5. D'en parler maintenant me [faire, ind. prés.] retrouver l'hypocrisie du visage. (Duras.) – 6. Puis [reverdir, subj. prés.] nos jambes pour la danse de la moisson. (Senghor.) – 7. Nous [être, ind. imp.], Fontanet et moi, voisins et amis. (France.) (S.) – 8. Mais [s'attarder, ind. imp.] complaisamment le clair-obscur... (Rolland.) – 9. Plus me [plaire, ind. prés.] le séjour que [bâtir, ind. p.c.] mes aïeux... (Du Bellay.)

12   1. En [témoigner, ind. prés.] la croissance des inscriptions dans les écoles... (*Le Monde.*) – 2. Un curieux mélange de rigide intégrité et de cynisme en [résulter, ind. prés.]. (Yourcenar.) – 3. Mais que [importer, ind. prés.] vos belles routes d'asphalte et de bitume... (Plisnier.) – 4. La pluie, la douceur du climat [ourler, ind. prés.] cette côte d'une frange végétale. (Genevoix.) – 5. Trois siècles [durer, ind. p.c.] l'attente de l'Eglise. (Claudel.) – 6. Je te [adresser, ind. prés.] donc ce récit, tel que Denis, Daniel et moi le [entendre, ind. p.s.]. (Gide.) (M.G.) – 7. De l'étang [monter, ind. imp.] le coassement rauque des grenouilles. (Lemonnier.) – 8. Avec des outrances que [expliquer, ind. prés.] et [excuser, id.] la jeunesse... (Destrée.) – 9. La voiture noire avec ses ornements d'argent, sa croix branlante, ses goupillons aux quatre coins et quelques fausses fleurs jaunes garnies de rubans mauves, [se faire, ind. prés.] traîner bien lentement... (Hellens.)

13   1. Mais [venir, subj. prés.] l'été et les esprits [s'envoler, ind. prés.]. (Guéhenno.) – 2. Après Hortense, le cyclone des 4 et 5 octobre, le beau temps [s'installer, ind. p.c.]. (*L'Express.*) – 3. Que [être, ind. prés.] quatre pas au regard de l'infini? (Maurois.) – 4. L'odeur des fermes incendiées, repaires de rebelles, ne le [offusquer, ind. prés.] pas non plus. (Yourcenar.) – 5. Et maintenant [pouvoir, subj. prés.] le soleil briller sans excessive ardeur. (Genevoix.) – 6. Ainsi [se reconnaître, cond. p. 1e f.] Beausoleil et Pélagie. (Maillet.) – 7. Ses yeux bleus, un peu glauques, aux couleurs de la Loire qu'ils [contempler, ind. p.-q.-p.] tant de fois, [sourire, ind. imp.] dans son étroit visage. (Genevoix.) – 8. Maria [regarder, ind. imp.] par la fenêtre les champs blancs que [cercler, id.] le bois solennel. (Hémon.) – 9. Ainsi [s'expliquer, ind. prés.] son extrême et agréable réserve, son vocabulaire prudent. (Colette.) – 10. Maudit [être, subj. prés.] le premier, dont la verve insensée... (Valéry.)

RÈGLES PARTICULIÈRES :
NOM COLLECTIF + COMPLÉMENT
NOM (OU PRONOM) + COMPLÉMENT DÉTERMINATIF.

14   1. Une constellation d'assiettes anciennes [s'incruster, ind. imp.] dans l'étoffe havane des murs. (Troyat.) – 2. Ce tas de charbons ardents me [rappeler, ind. p.s.] mon grand-père debout dans sa vigne... (Yourcenar.) – 3. Une foule de villages [brûler, ind. p.s. pass.]. (Michelet.) (S.) – 4. Alors ce ramassis de cancres [condamner, f.s. pass.] à chercher sa vie dans la vermine des bois... (Aymé.) – 5. Une multitude d'animaux placés dans ces retraites par la main du Créateur y [répandre, ind. prés.] l'enchantement et la vie. (Chateaubriand.) – 6. Un vol de grues [grincer, ind. imp.] dans la clarté céleste. (Mauriac.) – 7. Cette espèce d'oiseaux nous [être, ind. prés.] inconnue. – 8. Un certain nombre de mesures [prendre, ind. p.c. pass.]... (*Le Soir.*) – 9. Le car pour indigènes [partir, ind. p.c.] de la place. (Duras.) – 10. La petite poignée d'irréductibles [être, ind. imp.] trop peu nombreux et trop peu notoires pour inquiéter. (Rolland.)

15   1. C'est l'argument que [invoquer, p.s.] bon nombre de dirigeants... (Lacouture.) – 2. Un bataillon de verres à moitié pleins [couvrir, ind. imp.] le plancher. (Flaubert.) (S.) – 3. Toute une série d'actes en sens inverse [laisser, ind. p.c.] croire que... (Grosser.) – 4. Une nuée d'espions et d'agents provocateurs [grouiller, ind. imp.] comme des mouches vertes... (Rolland.) – 5. Un certain type de recherches [entreprendre, ind. p.c. pass.]. (J.H.) – 6. Le plus grand nombre [fuir, ind. p.-q.-p.] courant, criant, à travers la plaine, comme des volailles éperdues. (Rolland.) – 7. Une nuée de traits qui obscurcit l'air [porter, ind. prés.] l'épouvante dans l'armée. (Fénelon.) (S.) – 8. Un des buts de l'opération [être, ind. prés.] d'alléger la pression fiscale... (*Le Soir.*) – 9. Un grand nombre de soldats [périr, ind. p.s.] dans ce combat. (Ac.) – 10. Une de ses menottes [enrouler, ind. imp.] autour de ses doigts la barbe de son père. (Rolland.)

LE SUJET EST UN ADVERBE DE QUANTITÉ, "PLUS D'UN", "MOINS DE DEUX", "NOMBRE DE"...

16   1. Attention! En hiver, trop d'arrosages [nuire, ind. prés.] au Clivia.
– 2. Tant de conscience [finir, ind. prés.] par tapisser l'éphémère...
(Char.) – 3. Beaucoup de qualités aimables lui [attacher, p.s.] les
cœurs... (Saint-Simon.) – 4. Plus d'un fait, à coup sûr, le [motiver, p.s.].
(Perec.) – 5. Quantité de personnes [avoir, ind. prés.] ainsi une âme qui
adore nager. (Michaux.) – 6. Plus d'une communication bienveillante,
plus d'une rencontre me [advenir, ind. p.c.]. (L.) (M.G.) – 7. Tant de choses nous [séparer, ind. prés.], qui sont indépendantes de notre volonté...
(Troyat.) – 8. Trois d'entre vous [rester, ind. f.s.]. (J.H.) – 9. Peu [savoir,
ind. prés.] comme vous s'appliquer ce remède. (Corneille.) (M.G.) –
10. Moins de deux mois [suffire, ind. p.c.]... (M. Prévost.) (M.G.)

LE SUJET EST "LA PLUPART", "LE PEU", "CE PEU", "NOTRE PEU"...

17   1. La plupart des écrivains d'alors [supporter, ind. imp.] eux-mêmes
les frais d'édition... (Destrée.) – 2. Que peu de temps [suffire, ind. prés.]
pour changer toutes choses! (Hugo.) – 3. La plupart [faire, ind. p.c.] à
leur manière le grossier pari de Pascal... (Yourcenar.) – 4. Ce peu de
mots vous [rappeler, ind. f.s.] vos propres folies. (Balzac.) – 5. Le peu
d'observations que je fis [s'effacer, ind. p.c.] de ma mémoire. (Rousseau.)
(M.G.) – 6. La plupart des autres [être, ind. prés.] plus sentimentaux
qu'intelligents... (Camus.) – 7. La plupart d'entre nous [trouver, ind.
imp. pass.] trop légers. (Chamson.) (M.G.) – 8. Le peu de consistance
des preuves [oublier, ind. prés. pass.]. (Floriot.) (J.H.) – 9. La plupart
du temps [se perdre, ind. prés.] en formalités administratives.

LE SUJET EST LE PRONOM INDÉFINI "ON", LE PRONOM IMPERSONNEL "IL".

18   1. On [passer, ind. prés.] par les cols. (Ramuz.) – 2. Toujours, il
[demeurer, f.s.] quelques faits sur lesquels... (Michaux.) – 3. On [se rire,
cond. prés.] de vous, Alceste... (Molière.) – 4. Il [aller, ind. prés.] à pied,
Joseph... (Cesbron.) – 5. On [trouver, ind. imp.] de tout dans cet enclos.
(Theuriet.) – 6. Il y [avoir, ind. imp.] sur le buffet, dans une coupe, de

magnifiques raisins de Fontainebleau. (France.) – 7. Il [exister, ind. prés.] en France et de par le monde, des dizaines, des centaines d'académies... (Druon.) – 8. Il [s'en falloir, ind. p.-q.-p.] de peu qu'il ne [s'embarquer, subj. imp.] pour la Terre Sainte... (Noël.) – 9. N'y [avoir, ind. imp.] il pas de secrètes délices dans la solitude... (Troyat.) – 10. Mieux [valoir, cond. p. 2ᵉ f.] consacrer cette soirée à... (Yourcenar.)

LE SUJET EST "CE", "C'", "CECI", "CELA"

19   1. Ce [être, ind. imp.] de très grands vents sur la terre des hommes. (Saint-John Perse.) – 2. Ce [être, ind. prés.] nous l'auteur. (Claudel.) – 3. Ce [être, ind. prés.] cinquante fois plus qu'il n'en faut... (Audiberti.) – 4. Les lieux de rencontre, ce [être, ind. prés.] capital. (Ajar.) – 5. La forêt était courtaude : ce [être, ind. imp.] des bouleaux, des hêtres noirs, des frênes... (Gracq.) – 6. Ce [être, ind. imp.] le père Chapdelaine et le médecin qui arrivaient. (Hémon.) – 7. Et ce [être, ind. prés.] tous les jours comme ça. (Césaire.) – 8. Nous ne disposons d'aucun instrument de mesure de notre efficacité pédagogique, si ce ne [être, ind. prés.] les résultats de nos élèves au baccalauréat. (*Le Monde.*) – 9. Ce [être, ind. imp.] le lit de l'accomplissement, le support du sommeil fini... (Bosco.) – 10 Fomenter l'anarchie pour se ménager la monarchie, cela, ce [être, ind. prés.] un crime entre les crimes. (Montherlant.)

20   1. Ce [être, ind. prés.] trop lourd, Messire, la France. (Anouilh.) – 2. Ensuite, ce [être, ind. imp.] des chants choraux et des danses rythmiques. (Chraïbi.) – 3. Ce [être, ind. imp.] les feux des bâtiments à l'ancre, attendant la marée prochaine... (Maupassant.) – 4. Ce [être, ind. prés.] vous qui le dites, idiot ! (Giraudoux.) – 5. Ce [être, ind. prés.] une ville, une forteresse, un lourd cuirassé de pierre... (Césaire.) – 6. Ce [être, ind. imp.] des hommes géants sur des chevaux colosses. (Hugo.) – 7. Quand le vent souffle, ce [être, ind. prés.] par les bruits créés à travers la bâtisse que la maison nous semble vivre. (Bosco.) – 8. Pour le poète, ce [être, ind. prés.] l'or et l'argent ; mais pour le philosophe, ce [être, ind. prés.] le fer et le blé qui ont civilisé les hommes et perdu le genre humain. (Rousseau.) – 9. Ce [être, ind. prés.] eux, enfin. (Mauriac.) (M.G.) – 10. Ce [être, ind. prés.] nous les petits oiseaux. (Aymé.)

21 1. Ce [être, ind. prés.] un homme, une façade, un bravache de carton-pâte... (Montherlant.) – 2. Ce ne [pouvoir, ind. prés.] être que des royaumes forts. (Queffélec.) – 3. [Etre, ind. prés.] ce ton parfum de fruits fabuleux ou ton sillage de lumière en plein midi? (Senghor.) – 4. La première, ce [être, ind. prés.] mon amitié, mon estime, mon affection pour Gilbert Renault, pour Rémy. (de Gaulle.) – 5. Ce [être, ind. imp.] d'abord des familles allant en promenade... (Camus.) – 6. L'espoir, ce [être, ind. imp.] le pays, le retour au paradis perdu. (Maillet.) – 7. Ce [être, ind. p.s.] trois coups pleins et lents... (Vercors.) – 8. Il ne recevra personne, [être, subj. imp.] ce ses meilleurs amis. – 9. Ce [être, ind. prés.] avec les beaux sentiments qu'on fait de la mauvaise littérature. (Gide.) – 10. Ce [être, ind. prés.] onze heures qui sonnent. (L.) (M.G.)

LE SUJET EST LE PRONOM RELATIF "QUI", "UN DES QUI", "UNE DES QUI", "UN DE CEUX QUI", "UNE DE CELLES QUI"...

22 1. Dieu est bon, qui me [garder, ind. prés.] toute pure et heureuse près de ma mère... (Anouilh.) – 2. Des matelots étaient là qui [attendre, ind. imp.] notre accostage... (Loti.) – 3. Eh oui, Monsieur, nous les Gascons, qui [avoir, ind. prés.] pourtant toujours le cœur sur la main... (*Publicité.*) – 4. La rumeur du travail des hommes montait jusqu'à moi, qui les [regarder, ind. imp.] faire. (Morand.) – 5. Toi qui [porter, ind. prés.] l'écharpe aux franges longues... (Senghor.) – 6. Vous-mêmes, les enfants, qui [devoir, ind. imp.] me bénir... (Duhamel.) – 7. Mais toi, mon frère, qui ne [en finir, ind. prés.] pas... (Tati-Loutard.) – 8. Le mensonge, ce n'est pas moi qui le [inventer, ind. p.c.]... (Sartre.) – 9. Toi qui, torche ou flambeau, [luire, ind. prés.] dans notre brouillard... (Hugo.) – 10. Car je suis votre pasteur qui ne vous [vouloir, ind. prés.] point de mal. (Claudel.)

23 1. Je suis sûr que c'est ma sœur qui les [effraye, ind. prés.]. (Maeterlinck.) – 2. Meuse, qui ne [savoir, ind. prés.] rien de la souffrance humaine... (Péguy.) – 3. Un des traits qui me [frapper, ind. p.s.] en lui, c'est qu'il ne courait jamais. (Colette.) – 4. Nous sommes le peuple qui [appartenir, ind. prés.] à Dieu. (*Liturgie.*) – 5. Elle était le seul être humain qui me [être, subj. imp.] accessible... (Bosco.) – 6. Pas question de devenir un de ces messieurs qui [garder, ind. p.c.] le cœur jeune...

(Blondin.) – 7. Je suis la promesse qui ne [pouvoir, ind. prés.] être tenue... (Claudel.) – 8. Moi qui [être, ind. prés.] un philosophe à ma façon... (Queneau.) – 9. Je suis l'astre qui [venir, ind. prés.] d'abord. (Hugo.) – 10. C'est moi qui le [promettre, ind. prés.]. (Roumain.)

24 1. Son père vient justement de faire toute une série de compartiments à galeries couvertes qui [donner, ind. prés.] sur la rue. (Duras.) – 2. Munier était donc un de ceux qui [voter, ind. p.-q.-p.] non à l'assemblée de commune... (Ramuz.) – 3. Nuit, qui [fondre, ind. prés.] toutes mes contradictions... (Senghor.) – 4. Nous sommes cinquante, cent morts qui [dormir, ind. prés.]. (Dorgelès.) (M.G.) – 5. Je suis la pierre qui [durer, ind. prés.], l'expérience des siècles, le dépôt du trésor de ta race. (Barrès.) – 6. Nous sommes deux bossus qui [sourire, ind. prés.] de la bosse de l'autre. (Mauriac.) (M.G.) – 7. Tu seras celui qui [garder, f.s.] la barque. (Loti.) (M.G.) – 8. Mais, Nous, prêtre suprême, qui [porter, ind. prés.] tous les peuples sur notre cœur... (Claudel.) – 9. Je suis un paresseux qui ne [se plaire, ind. prés.] qu'à dormir au soleil. (Anouilh.) (J.H.) – 10. Es-tu celui qui [pouvoir, ind. prés.] quelque chose pour son bonheur? (Barrès.) (M.G.)

LE SUJET EST LE TITRE D'UNE ŒUVRE

25 1. Les "Harmonies" [être, ind. prés.] des hymnes à la bonté et à la puissance du Créateur. (L. et M.) – 2. "René" et "Atala" en [être, ind. imp.], en leur forme primitive, des fragments. (Faguet.) – 3. "Le Combat", je dois l'ajouter, [être, ind. imp.] une pièce en vers. (Duhamel.) – 4. Enfin "Quatre-vingt-treize" (1874) [illustrer, ind. prés.] la formule du roman historique et symbolique... (L. et M.) – 5. "Génitrix" [développer, ind. prés.] les quelques pages devenues inutiles et "Destins" [reprendre, id.] sous une autre apparence le personnage... (A. Petit.) – 6. En effet, si la fable "Les Souris et le Chat-Huant" [prêter, ind. prés.] à l'animal... (C. Dreyfus.) – 7. S'il est vrai que "Le Meunier, son Fils et l'Ane" [écrire, subj. p. pass.] pour Maucroix... (C. Dreyfus.) – 8. Alors que "Le Songe" le [montrer, ind. imp.] à la guerre et que "Les Bestiaires" [révéler, ind. imp.] sa passion pour la tauromachie... (M. Raimond.) – 9. "Souffrances du chrétien", écrit à la même époque, [se construire, ind. prés.] autour des mêmes thèmes... (A. Petit.) – 10. "Les Garçons", à eux seuls, [constituer, ind. prés.] une sorte de florilège de l'art romanesque de Montherlant... (M. Raimond.)

LE SUJET EST UNE INDICATION NUMÉRALE.

26   1. Ce soir-là, une dizaine de personnes [être, ind. imp.] réunies rue Scheffer. (Modiano.) – 2. Cinq cents francs de rente annuelle, ce [être, ind. prés.] désormais la pension du combattant, le prix de notre oubli. (Guéhenno.) – 3. Une demi-douzaine d'académiciens [envoyer, ind. p.s. pass.] à l'échafaud. (Druon.) – 4. Trente-trois ans [passer, ind. p.-q.-p.]. (Modiano.) – 5. Une centaine de Français [quitter, p.s.] Plaisance et Saint-Pierre... (Robert.) – 6. Le cent de briques nous [revenir, ind. imp.] à dix sous... (Bernanos.) – 7. Un demi-million de spectateurs, la plupart masqués ou déguisés, [applaudir, ind. p.c.] la grande parade... (*Le Soir.*) – 8. Et puis il faut voir comment [aller, ind. prés.] évoluer ces 84. (*L'Express.*) – 9. Une triple détonation [retentir, ind. prés.]. – 10. Une douzaine d'exemplaires de cette grammaire vous [coûter, ind. f.s.] quinze francs. (L.) (M.G.)

LE SUJET EST UNE FRACTION.

27   1. Et elle savait qu'au moins une voiture sur deux [conduire, ind. imp. pass.] par un nègre comme elle. (Lopes.) – 2. La moitié des magasins [garder, ind. p.c.] leurs stores baissés. (*Le Soir.*) – 3. Recréons en nous cet océan vert, non pas immobile, comme le [être, ind. prés.] les trois quarts de nos représentations du passé... (Yourcenar.) – 4. La très grande majorité des chômeurs [avoir envie, ind. prés.] de travailler. (O. Todd.) – 5. La moitié des attitudes que je prête à Voltaire [être, ind. prés.] de mon cru. (R. Peyrefitte,) – 6. Les trois quarts des universités [accepter, ind. p.c.] cette procédure... (*Le Monde.*) – 7. La moitié des députés [voter, ind. p.c.] pour... (L.) – 8. La majorité de ceux qui se trouvaient dans la salle en même temps que moi [être, ind. imp.] des anglicistes distingués... (J.-J. Gautier.) – 9. Un mètre cube et demi de terre [retirer, ind. p.c. pass.]. (J.H.) – 10. La majorité des Français [vivre, ind. imp.] mal, sans confort, sans loisirs... (A. Maurois.)

LE SUJET EST UN POURCENTAGE.

28   1. Cette année-là, 71,8% d'une classe d'âge [obtenir, ind. imp.] le bac. (*Le Monde.*) – 1. Les 30% de notre dette [devoir, ind prés. pass.] aux dépenses. (J.H.) – 3. Ainsi, à Lille-III, 10% des enseignants [suivre, ind. p.c.] un stage de préparation. (*Le Monde.*) – 4. Les 30% restants ne [travailler, ind. p.c.] jamais... (*Le Monde.*) – 5. 20% [être, ind. prés.] un bénéfice appréciable. – 6. Un eugéniste a calculé que 10% de sang frais [devenir, cond.prés.] nécessaires à chaque génération. (H. Bazin.) (J.H.) – 7. On estime que 50% des hommes et 15% des femmes [savoir, ind. imp.] lire et écrire. (*Le Monde.*) – 8. En 1983, sur les 54 millions de Français, 57,5% ne [posséder, ind. imp.] pas d'autre diplôme que le certificat d'études... (*Le Monde.*) – 9. 0,38% en moyenne de la surface du journal lui (à la science) [consacrer, ind. prés. pass.]. (*Le Soir.*) – 10. 15% de la population [souffrir, ind. prés.] de malnutrition.

RÈGLES PARTICULIÈRES DU VERBE QUI A UN SEUL SUJET: RÉCAPITULATION.

29   1. Dans cette immensité des mers qui [sembler, ind. prés.] vous donner une mesure confuse de la grandeur de notre âme... (Chateaubriand.) – 2. Elle [traîner, ind. imp.] sur ses traductions, surtout quand ce [être, ind. imp.] des livres d'économie ou de théorie sociale... (Rolland.) – 3. "La Chronique des Pasquier" [comporter, ind. prés.] dix volumes. (Duhamel.) – 4. Tous ont éprouvé cette indifférence insultante qui, semblable aux gelées de printemps, [détruire, ind. prés.] le germe des plus belles espérances. (Balzac.) – 5. Ce [être, ind. prés.] la gerbe et le blé qui ne [périr, f.s.] point... (Péguy.) – 6. Cette poignée d'hommes défiant la montée des vagues me [rappeler, ind. prés.] nos ivresses... (Yourcenar.) – 7. Vous êtes le chef, et moi la pauvre sibylle qui [garder, ind. prés.] le feu. (Claudel.) – 8. Déjà, il est repris, rattaché par une foule de liens mystérieux qui le [envelopper, ind. prés.] de leur réseau. (Feraoun.) – 9. Ce [être, ind. imp.] encore un de ceux qui ne [s'occuper, ind. prés.] que de prendre... (Claudel.) – 10. Tant de gens en [parler, ind. p.c.] sans les connaître. (Stendhal.)

30   1. Il nous [arriver, ind. prés.] des taupes. – 2. Un certain nombre de ces grandes études [rassembler, ind. prés. pass.] dans "Refuges de la lecture". (Duhamel.) – 3. Car un je ne sais quoi, issu de lui, me [donner, ind. imp.] le pressentiment de ce pays sauvage et de la vie qu'on y [mener, ind. imp.]. (Bosco.) – 4. Ce [être, ind. prés.] vous-même qui me le [apprendre, ind. p.c.]. (Rolland.) – 5. Tout à coup, une série de secousses [jeter, ind. prés.] les uns sur les autres les voyageurs... (Yourcenar.) – 6. Ainsi 86,6% d'une classe d'âge [obtenir, ind. prés.] elle l'équivalent de notre baccalauréat. (*Le Monde.*) – 7. Ce [être, ind. imp.] ce "oui" et ce "non" identifiés qui [être, ind. imp.] la terre promise qu'il avait toujours méconnue. (Montherlant.) – 8. Notre ambulance doit s'installer aux portes de la ville, dans des baraques où [saigner, ind. prés.], [souffrir, id.] et [gémir, id.] des centaines de blessés... (Duhamel.) – 9. Eugène de Rastignac est un de ces jeunes gens très sensés qui [essayer, ind. prés.] de tout... (Balzac.) – 10. La plupart de ces pages [consacrer, ind. prés. pass.] à la relation d'événements... (Duhamel.)

31 1. Moi qui la [soigner, ind. prés.] et qui [connaître, id.] son secret... (Balzac.) – 2. Une pluie de chatons [ruisseler, ind. imp.] dans leur tendre feuillage. (Genevoix.) – 3. Et ces ruines ne [être, ind. prés.] pas des pierres, ce [être, ind. prés.] des corps qui [avoir, id.] du sang. (Rolland.) – 4. Cette masse de cloisons de bois, de métal incandescent et de chair humaine [continuer, ind. imp.] à brûler et à fumer. (Yourcenar.) – 5. Mais peu d'entre nous [être, ind. p.-q.-p.] témoins d'une aussi torrentielle adhésion à un hôte étranger. (Lacouture.) – 6. Et que leur mère est belle qui les [tenir, ind. prés.] entre ses deux beaux bras nus. (Claudel.) – 7. Plus d'un millier de pins parasols [détruire, ind. p.c. pass.] déjà. (*Le Soir.*) – 8. Un quart des conseils [se tenir, ind. prés.] entre 14 et 16 heures. (*Le Monde.*) – 9. Ce [être, ind. prés.] une des longues avenues de Vinhlong qui [se terminer, ind. prés.] sur le Mékong. (Duras.) – 10. 15 % des articles [parler, ind. prés.] des moyens de la science. (*Le Soir.*)

32 1. Langue, qui [chanter, ind. prés.] sur trois tons... (Senghor.) – 2. Donc, ce [être, ind. imp.] quelques jours avant mon retour... (Guéhenno.) – 3. Ce [être, ind. prés.] ce que [vouloir, ind. prés.] prouver «L'Homme et la Couleuvre»... (C. Dreyfus.) – 4. Il [être, ind. prés.] vrai que la plupart des gens [rester, ind. prés.] debout dans l'ascenseur. (Ajar.) – 5. Ce [être, ind. imp.], presque tous, des gens du peuple et de petits bourgeois italiens. (Rolland.) – 6. Vous êtes deux qui [venir, ind. prés.] vous rendre. (Vigny.) (M.G.) – 7. Ce [être, ind. prés.] cent mille francs environ qui me [être, ind. prés.] nécessaires. (Becque.) (M.G.) – 8. Mais les «Promenades» [être, ind. prés.] des chutes de «Rome, Naples et Florence», qui [être, ind. prés.] le livre du refus et du mépris... (M. Mohrt.) – 9. Combien de mes confrères d'écritoire, et que je pourrais nommer, me [comprendre, ind. f.a.] ici d'avance? (Genevoix.) – Ce [être, ind. prés.] de fleurs que j'allais songeant. (Genevoix.)

33   1. Une de ces cabanes qui [servir, ind. prés.] en octobre aux chasseurs de palombes les [accueillir, ind. imp.]... (Mauriac.) – 2. Ce [être, ind. prés.] la même chose, la même pitié, le même appel au secours, la même débilité de jugement, la même superstition disons... (Duras.) – 3. Chacun de ses regards [laisser, ind. prés.] sourdre une lueur d'amitié... (Genevoix.) – 4. Je suis celle qui (rester, ind. prés.] et qui [être, id.] toujours là. (Claudel.) – 5. Plus d'un flatteur [se donner, ind. prés.] mutuellement des louanges excessives. (M.G.) – 6. Cinq candidats [répondre, ind. p.c.]. Ce [être, ind. prés.] : Allard, Carbonnelle, Derasse, Pollet et Voiturier. – 7. [Etre, ind. prés.] ce une trentaine ou une quarantaine de sociétés qui [constituer, ind. imp.] ce groupe? (*Le Soir.*) – 8. Le peu de qualités dont il fait preuve le [faire, ind. p.c.] éconduire. (Ac.) – 9. Le «Chaos et la Nuit» en effet [offrir, ind. prés.] le spectacle d'un homme voué à la médiocrité... (M. Raimond.) – 10. Vous êtes ici plusieurs qui, ce soir, [aller, ind, f.s.] au théâtre.

SUJETS SYNONYMES, PLACÉS EN GRADATION, ANNONCÉS OU RÉSUMÉS, SUJETS QUI S'EXCLUENT, SUJETS PLACÉS DE PART ET D'AUTRE DU VERBE, SUJETS DÉSIGNANT UN SEUL ÊTRE, SUJETS PRIS GLOBALEMENT OU SUCCESSIVEMENT, INFINITIFS SUJETS.

34   1. Telle [être, ind. prés.] la femme au grand cœur, la bonne épouse, la mère généreuse. (Diop.) – 2. Un réveil d'abord économique dont l'ardeur, la ferveur [gagner, ind. prés.] jusqu'aux familles politiques... (*Le Soir.*) – 3. Nier, croire et douter [être, ind. prés.] à l'homme ce que le courir [être, ind. prés.] au cheval. (Pascal.) – 4. Par la porte [apparaître, ind. prés.] à mi-corps un homme engagé dans une étreinte, puis son corps tout entier... (Montherlant). – 5. La voix de son fils, une pression de ses doigts, sa seule présence [réussir, ind. imp.] toujours à l'apaiser. (Bernanos.) – 6. Je sais d'admirables dévouements, de sublimes souffrances auxquelles [manquer, ind. prés.] la publicité, la gloire si vous voulez... (Balzac.) – 7. La consternation générale, la pitié qu'elle avait cru lire dans tous les yeux [blesser, ind. p.-q.-p.] plus cruellement son orgueil qu'aucune insulte. (Bernanos.) – 8. Admirer la pensée de Proust et blâmer son style [être, cond. prés.] absurde. (Cocteau.) (M.G.) – 9. Ce qu'ils apprennent de ses travaux et de ses succès, ce qu'ils en lisent dans les gazettes, les [remplir, ind. prés.] d'une joie maligne... (Bernanos.) – 10. Tout [tourner, ind. imp.] autour d'eux, les lampes, les meubles, les lambris et le parquet... (Flaubert.)

35 1. Aucune femme, aucune jeune fille ne [porter, ind. prés.] de feutre d'homme dans cette colonie... (Duras.) – 2. La singularité de l'étape, ce guide taciturne aussitôt disparu, le site, le silence, et mon inexplicable solitude, tout me [troubler, ind. imp.]... (Bosco.) – 3. [Venir, ind. prés.] ensuite le lent apprentissage de collaborateurs, la formation d'équipes entre lesquelles se répartissent les tâches. (Robert.) – 4. Etre exacte, être en règle, être prête, ce [être, ind. prés.] tout un. (Colette.) – 5. La foule venait de revivre ce qu'elle savait déjà, mais dont aucun récit, aucune répétition ne [savoir, cond. prés.] jamais la convaincre. (Memmi.) – 6. Mais agir et penser comme tout le monde ne [être, ind. prés.] jamais une recommandation. (Yourcenar.) – 7. Sans doute l'apparente médiocrité de ses confessions, leur insignifiance la [rebuter, ind. imp.] un peu... (Bernanos.) – 8. S'engager et persévérer [être, ind. prés.] deux. – 9. Jusqu'au moment où un soleil trop ardent, une pluie trop forte te [empêcher, ind. f.s.] de sortir... – 10. Gémir, pleurer, prier [être, ind. prés.] également lâche. (Vigny.)

SUJETS JOINTS PAR UNE CONJONCTION DE COMPARAISON, "NON", "ET NON", "NON MOINS QUE", "PLUTÔT QUE", "PAS PLUS QUE", "NON PLUS QUE", "ET NON PAS SEULEMENT", "PERSONNE D'AUTRE QUE", "SINON", "BIEN MOINS QUE"...

36 1. Or un lavage, comme une guerre, [avoir, ind. prés.] quelque chose de puéril... (Michaux.) – 2. Le cheval blanc du commandant ainsi que ceux des gardes [s'arrêter, ind. p.s.] devant notre maison. (Bhely-Quenum.) – 3. La sève de nos sens, comme celle des arbres, [féconder, cond. p. 2e f.] des troncs... (Lamartine.) – 4. Ces moments ont passé, et notre merveilleuse science, avec eux, [s'évanouir, ind. p.c.]. (Guéhenno.) – 5. Rostand comme France [apporter, ind. prés.] de l'intelligibilité dans les lettres françaises. (Thibaudet.) (M.G.) – 6. Les épreuves, ou pour mieux dire l'unique épreuve que j'en avais conservée [reléguer, ind. p.-q.-p. pass.] au fond du tiroir le plus obscur. (Hellens.) – 7. Notre sang plutôt que notre littérature [établir, ind. imp.] cette sympathie. (Barrès.) (M.G.) – 8. L'attention que le jeune homme donnait à son livre, bien plus que le bruit de la scie, le [empêcher, ind. p.s.] d'entendre la terrible voix de son père. (Stendhal.) – 9. Non seulement notre dignité à l'intérieur, mais notre prestige à l'étranger en [dépendre, ind. prés.]. (Giraudoux.) (M.G.) – 10. La farine, comme une source, [couler, ind. prés.] d'entre les meules... (Ouary.)

SUJETS JOINTS PAR "OU" OU PAR "NI".

37 1. Ni l'affection de ses sœurs ni la tendresse de la bonne vieille grand-mère de l'Epinière ne [pouvoir, ind. imp.] détourner le jeune homme... (Robert.) – 2. Ne rien aimer ni rien haïr absolument [devenir, ind. prés.] alors une sagesse. (Renan.) – 3. L'hortensia ou rosier du Japon [être, ind. prés.] sensible au froid. – 4. Cet "Occident-là", idéal, sur lequel ne [peser, cond. prés.] ni l'impérialisme soviétique ni le système d'influence américain... (Lacouture.) – 5. Ni les enfants, ni les vieillards, ni les malades ne [devoir, ind. imp.] manquer à l'exercice de leur droit d'hommes libres. (Fantouré.) – 6. Et que de cela la mère ne [devoir, ind. prés.] rien apprendre, ni les frères... (Duras.) – 7. La vieillesse d'un romancier, ou plutôt ma vieillesse, car on ne peut parler que de soi, [conjuguer, ind. prés.] bizarrement la stérilité et le pouvoir créateur. (Mauriac.) – 8. Elle ou toi [cueillir, ind. f.s.] les pommes. – 9. Je dois vous dire ceci : ni mon frère, votre chef, ni le maître des Dialobbé ne encore [prendre parti, ind. p.c.] (Kane.) – 10. Sa perte ou son salut [dépendre, ind. prés.) de sa victoire. (Racine.) (S.)

LES SUJETS SONT "L'UN OU L'AUTRE", "L'UNE OU L'AUTRE", "L'UN ET L'AUTRE", "L'UNE ET L'AUTRE", "NI L'UN NI L'AUTRE", "NI L'UNE NI L'AUTRE".

38 1. L'un et l'autre [s'étonner, ind. p.s.] gravement. (Farrère.) (M.G.) – 2. Il est impossible de dire que l'un ou l'autre des journaux [présenter, ind. prés.] une supériorité. (*Le Soir.*) – 3. Ni la douleur ni la mort ne lui [arracher, ind. prés.] un cri. (de Pesquidoux.) (M.G.) – 4. L'un et l'autre [conter, cond. prés. 1e f.] le long apprentissage... (Alain.) – 5. L'ancienneté ne saurait composer avec l'usage : il faut que l'un ou l'autre [avoir, subj. prés.] le dernier mot. (Hermant.) (M.G.) – 6. Nous vous le répétons, ni l'une ni l'autre ne [vouloir, ind. imp.] cette opération. – 7. Ni l'une ni l'autre solution ne [pouvoir, ind. prés.] être acceptée. – 8. L'un et l'autre [perdre, ind. prés. pass.] s'ils ont des idées. (Alain.) – 9. Ni l'une ni l'autre ne [venir, ind. f.s.]. (Ac.) – 10. L'une et l'autre affaire [se tenir, ind. prés.]. (Henriot.) (J.H.)

RÈGLES PARTICULIÈRES DU VERBE QUI A PLUSIEURS SUJETS : RÉCAPITULATION.

39   1. La douleur [emplir, ind. prés.] son corps, comme un bruit puissant...
(Le Clézio.) – 2. La manière dont il m'en parla me fit comprendre quelle
abnégation, quelle bonté [pouvoir, ind. imp.] habiter la plus rude enveloppe... (Gide.) – 3. Alors que pas un jonc, pas un glaïeul ne [bouger,
ind. prés.]... (Sully Prudhomme.) – 4. L'histoire, la science et l'éloquence, tout [être, ind. imp.] bon. (Rolland.) – 5. Tantôt son fils, tantôt sa fille [utiliser, ind. imp.] l'unique vélo de la maison. – 6. Ni l'un
ni l'autre ne [savoir, ind. p.c.] ce qu'ils faisaient. (Vigny.) (M.G.) – 7. Le
vieux Frontenac ou le vieux Péloueyre qui [se réveiller, cond. p. 2e f.]
d'entre les morts en cet endroit, ne [découvrir, cond. p. 1e f.] à aucun signe
qu'il y eût rien de changé au monde. (Mauriac.) – 8. Ni toi ni personne
ne [pouvoir, ind. prés.] quitter la gare. – 9. Rome, aussi bien que moi,
vous [donner, ind. prés.] son suffrage. (Racine.) – 10. Pourtant l'âme
d'un pauvre homme, comme celle du plus grand artiste, [pouvoir, ind.
prés.] contenir tout l'infini. (Guéhenno.)

40   1. Ou ton sang ou le mien [laver, f.s.] cette injure. (Racine.) (S.) –
2. L'interprétation des textes comme approfondissement d'une lecture
[être, ind. p.c.] toujours à mes yeux l'épeuve de choix. (Raymond.) –
3. Qui sait si son refuge, loin d'être la prière, ne [être, cond. prés.] pas
la folie ? (Queffélec.) – 4. Je vous déclare que ni moi, ni les hommes ni
Dieu même ne vous [demander, ind. prés.] un tel sacrifice. (Claudel.) –
5. Mais cinq ans plus tard, sous le Directoire, [paraître, ind. imp.], avec
l'aveu et la subvention des pouvoirs publics, la cinquième édition du Dictionnaire... (Druon.) – 6. L'étourneau ou sansonnet [aimer, ind. prés.]
les cerises. – 7. L'une et l'autre stratégie [manquer, ind. prés.] de réalisme. – 8. Le prince, au contraire des deux autres pesonnages, [avoir,
ind. imp.] la figure rouge et l'air inquiet... (Stendhal.) – 9. Je ne crois
pas que ni le maréchal de Richelieu, ni Lauzun, ni Louis de Valois [faire,
subj. p.] jamais, pour la première fois, une si savante retraite. (Balzac.)
– 10. Lorsque les forêts se taisent par degrés, que pas une feuille, pas
une mousse ne [soupirer, ind. prés.]... (Chateaubriand.)

41   1. Chacun de ses gestes, jusqu'à sa démarche lente et sûre, [sembler,
ind. imp.] fait pour accomplir les plus durs travaux de la montagne.
(Chamson.) – 2. Quand le Prince des pasteurs et le Pontife éternel

[apparaître, f.s.]... (Bossuet.) (M.G.) – 3. Mais ni la structure, ni la carnation, ni la mobilité magique de ce visage bien fait ne [permettre, ind. imp.] d'en expliquer l'heureuse et mystérieuse bonté. (Duhamel.) – 4. Barnabé ou Médard [être, ind. prés.] le nom de son chat. – 5. Jean et François sont venus. L'un et l'autre me [paraître, ind. p.c.] fatigués. – 6. Mais ni le grand commerce ni la banque ne [fleurir, ind. p.c.] guère autour de Cassel. (Yourcenar.) – 7. Un seul mot, un soupir, un clin dœil nous [trahir, ind. prés.]. (Voltaire.) – 8. Femmes, moines, vieillards, tout [descendre, ind. p.-q.-p.]. (La Fontaine.) – 9. L'humilité des conditions, sinon la misère, [être, ind. prés.] ce qui constitue... (Guéhenno.) – 10. Ni l'ours brun en quête de miel sauvage, ni le castor maçonnant sa digue ne [s'enfuir, ind. prés.] devant le promeneur. (Genevoix.)

42 1. Proclamer son dévouement et faire moins que le minimum ne [être, ind. prés.] pas très sérieux. – 2. Noblesse, fortune, un rang, des places, tout cela [rendre, ind. prés.] si fier ! (Beaumarchais.) – 3. Un homme ou une femme [refuser, ind. prés.] de promettre et [déserter, id.] l'église, jouant le rôle de bouc émissaire. (Queffélec.) – 4. Et le Roi, avec la France, [recommencer, ind. prés.] suivant l'ordre légitime. (Claudel.) – 5. Louise et Marie ont demandé l'agrafeuse. L'une ou l'autre [devoir, ind. prés.] l'avoir gardée. – 6. Ses chaussures, comme celle d'un vagabond, [s'imprégner, ind. prés.] d'eau... (Ponge.) – 7. La ruse, et non la force, en [avoir raison, f.s.]. – 8. Tantôt l'un, tantôt l'autre [décrocher, ind. imp.] le téléphone. – 9. Ma fatigue [ronger, ind. imp.] comme un rat, tout ce qui m'entourait. (Modiano.) – 10. Ah ! que [venir, subj. prés.] enfin, suppliais-je, la crise aiguë, la maladie, la douleur vive ! (Gide.)

RÈGLES GÉNÉRALES ET PARTICULIÈRES
(UN SEUL SUJET OU PLUSIEURS SUJETS) : RÉCAPITULATION.

43 1. On ne [tuer, ind. prés.] pas les démons avec un fusil, [prononcer, ind. imp.] la mère. (Hémon.) – 2. Un dégoût, une tristesse immense le [envahir, ind. prés.]... (Flaubert.) – 3. Comment trouver le bel accord de trois notes qui [réaliser, subj. imp.] leur pleine harmonie ? (Rolland.) – 4. Ce qui [être, ind. prés.] nouveau, ce [être, ind. prés.] la conscience qu'en [prendre, ind. p.c.] les Français... (Lacouture.) – 5. Qui ne [vouloir, cond. prés.] suivre que la raison [être, id.] fou au jugement du commun des hommes. (Pascal.) – 6. Toi l'Auvergnat qui sans façon Me [donner, ind. p.c.] quatre bouts de bois... (Brassens.) – 7. Ce [être, ind. imp.] une de ces

soirées sans cérémonie où l'on [manger, ind. prés.] des petits gâteaux...
(Balzac.) – 8. Mes larmes et le sang qui [couler, ind. imp.] de mon nez
[se mêler, ind. imp.] ensemble. (Diderot.) – 9. La conversation,
l'échange de pensées froides désormais possible entre eux, [sembler, cond.
p. 2e f.] peut-être agréable à d'autres... (Stendhal.) – 10. Dès qu'il ne
[voir, ind. prés.] plus les gens, il les [oublier, id.], il les [abandonner, id.]
(Duhamel.)

44 1. Tout ce qu'ils [braver, ind. p.c.] pour venir : le froid, la nuit dans le
bois, les mauvais chemins et les grandes distances [ajouter, ind. prés.]
à la solennité ou au mystère. (Hémon.) – 2. Rouler la muleta, se profiler, pointer [faire, ind. p.s. pass.] avec une rapidité qui [rendre, p.s.] la
chose à peine perceptible. (Montherlant.) – 3. Je ne [accepter, f.s.]
jamais la dictature, le régime qui [opprimer, ind. prés.] le peuple. (Nokan.)
– 4. Ni la vieille dame ni la demoiselle ne [avoir peur, ind. prés.], je le
[avouer, id.] (Bernanos.) – 5. Qui les [fixer, ind. p.c.] sur ma tête ? (Beaumarchais.) – 6. Si une société, si une philosophie, si une religion [pos-
séder, cond. p. 2e f.] la vérité absolue... (Renan.) – 7. Ce [être, ind. prés.]
un tonnelier qui te [apprendre, ind. p.c.] l'escrime. (Montherlant.) –
8. Fille d'Agamemnon, ce [être, ind. prés.] moi qui la première, Seigneur,
vous [appeler, ind. p.s.] de ce doux nom de père. (Racine.) – 9. Comme
un dernier rayon, comme un dernier zéphyr [aviver, ind. prés.] la fin d'un
beau jour... (Chénier.) – 10. S'il [y avoir, ind. prés.] une chose qui,
autant que les propos des esclavagistes, me [irriter, id.]... (Césaire.)

45 1. Ce récit [paraître, ind. p.s.] dans le livre "Les sept dernières plaies",
qui [être, ind. prés.] de 1928. (Duhamel.) – 2. Etre et avoir [être, ind.
prés.] les deux premiers verbes dont tous les autres [faire, ind. prés. pass.].
(Claudel.) – 3. Qu'une révolution, une guerre, ou tout autre accident
nous [chasser, ind. prés.] au-delà des frontières, et nous [perdre, ind. prés.]
notre rang... (Troyat.) – 4. Michel-Charles, comme l'immense majorité
de Français lettrés de son temps, [savoir, ind. prés.] à peine le grec. (Yourcenar.) – 5. Les morts cachés [être, ind. prés.] bien dans cette terre Qui
les [réchauffer, id.] et [sécher id.] leur mystère... (Valéry.) – 6. Au crépuscule, je [retrouver, ind. imp.] mon perchoir, les hauts lieux où [souffler,
id.] l'esprit, mes songes... (Sartre.) – 7. Il [y avoir, ind.prés.] la grande
communauté de créations et d'influences mutuelles qui [s'appeler, f.s.]
toujours l'Europe... (de Rougemont.) – 8. "Les Olympiques" [être, ind.
prés.] une croisade contre le dolorisme chrétien. (Secrétain.) – 9. S'éri-

ger, se hausser, se dresser contre, tel [être, ind. prés.] l'objectif permanent. (Lacouture.) – 10. Moi, du moins, qui ne [avoir, ind. imp.] que treize ans... (Balzac.)

46   1. Le théâtre, ce [être, ind. imp.] ''Les Trois Mousquetaires''. (*Le Soir.*) – 2. Pureté, douceur, beauté héroïque, que cette suprême beauté de l'âme [se rencontrer, subj. p.] en une fille de France... (Michelet.) – 3. Une statue, une couronne de chêne, un éloge [être, ind. imp.] une récompense immense. (Montesquieu.) (S.) – 4. Près du foyer, un vieux chien presque aveugle et moustachu, un de ces chiens qui [ressembler, ind. prés.] à des gens qu'on [connaître, ind. prés.], [dormir, ind. imp.] le nez dans ses pattes. (Maupassant.) – 5. Il ne [y avoir, cond. p. 1e f.] rien, ni fatigue, ni caboche un peu dure, qui [pouvoir, id.] m'en empêcher. (Genevoix.) – 6. Les six louis qui lui [rester, ind. prés.] [suffire, f.s.] bien pour offrir à souper à une jolie femme, [être, subj. imp.] elle duchesse ou bacchante. (Yourcenar) – 7. Je [être, ind. prés.] celle qui [devoir, id.] partir plus tôt. – 8. Ce [être, ind. prés.] moi qui lui [apprendre, ind. p.c.] à ne pas parler. (Claudel.) – 9. Tout mon espoir [être, ind. prés.] que cet Européen, mon compatriote et mon frère, [rencontrer, f.s.] ici et là... (Guéhenno.) – 10. Nous [être, ind. prés.] trois marcheurs qui [chercher. id.] la route.

47   1. Progressant admirablement de toi conscience, qui [être, ind. prés.] à la fois existence et vie... (Blanchot.) – 2. Il [entendre, ind. p.s.] un cri sec autour de lui : ce [être, ind. imp.] deux hussards qui [tomber, id.] atteints par des boulets... (Stendhal.) – 3. Il ne [être, ind. prés.] pas une seule des branches de notre culture qui ne [résulter, id.] de mille échanges. (de Rougemont.) – 4. Une troupe de grands cerfs wapitis, trente bêtes aux ramures brillantes, à la robe fauve presque dorée, qui [trotter, ind. prés.]... (Genevoix.) – 5. Le champ des interprétations [se limiter, ind. prés.] et [s'enrichir, id.] en même temps. (Ben Jelloun.) – 6. Peu à peu l'humble chaleur [reprendre, ind. prés.] possession de son corps, et avec elle la pensée, la vie. (Yourcenar.) – 7. ''Les Précieuses'' [jouer, ind. p.s. pass.] pendant quatre mois de suite. (Grimarest.) – 8. Nous qui [marcher, ind. imp.] fourbus, blessés... (Rostand.) – 9. Quelle perte [aller, ind. prés.] je subir ? Quarante pour cent [être, cond. prés.] un maximum. – 10. Ces accusations, venant de si haut, [reprendre, ind. p.c. pass.] de siècle en siècle, ne [être, subj. imp.] ce que par des allusions... (Montherlant.)

48   1. Vous [être, ind. prés.] beaucoup qui ne [connaître, ind. p.c.] pas le train à vapeur. – 2. Cœur qui [battre, ind. p.c.] tant... (Péguy.) – 3. Que de poètes à jeun [chanter, ind. p.c.] la bouteille ! (Voltaire.) – 4. Et les murs qui sur les pentes [retenir, ind. prés.] la terre et les vignes, un sentier qui [monter, ind. prés.] en lacet [évoquer, id.] l'éternité humaine. (Guéhenno.) – 5. Ce [pouvoir, ind. prés.] être la couleur de leurs cheveux ou la longueur de leur crâne. (Madaule.) – 6. Pour un vélo ordinaire, dix mille francs [être, ind. prés.] excessif. – 7. Ni l'un ni l'autre ne [tenir, ind. prés.] à venir. – 8. Je [voir, ind. p.c.] à Goutchivo une religieuse orthodoxe, une petite fille de Dieu, qui vous [ressembler, ind. prés.]... (Bernanos.) – 9. En un sens, tout écrivain [être, ind. prés.] subjectif, quels que [pouvoir, subj. prés.] être ses efforts... (Romains.) – 10. ''Les Contemplations'' [être, ind. prés.] l'histoire de son âme... (Grouzet.)

49   1. Nous [chasser, ind. imp.] de nos cils les cheveux gris, ces toiles Que [embrouiller, ind. prés.] l'araignée du temps. (Vivier.) – 2. Mon besoin d'art, de perfection, mon goût de l'exploit merveilleux et unique, bref, ma soif de maîtrise [trouver, ind. imp.] là... (Gary.) – 3. Ce [être, ind. imp.] soixante-douze éléphants qui [se précipiter, id.] sur une double ligne... (Flaubert.) – 4. Une dizaine d'oranges vous [coûter, f.s.] cent francs. – 5. Ce [être, ind. prés.] tous les hommes qu'il [falloir, ind. prés.] exterminer. (Rolland.) – 6. [Y avoir, ind. p.c.] il, dans votre vie antérieure, un fait, une pensée, un désir qui vous [apprendre, subj. p.] votre vocation ? (Balzac.) – 7. Plus d'un alpiniste [tenter, ind. p.c.] déjà l'escalade de cette paroi. – 8. O toi, qui comme la langue [résider, ind. prés.] dans un lieu obscur... (Claudel.) – 9. Le flot des ouvriers [passer, ind. prés.] toujours, [s'écouler, id.] par les grandes portes béantes. (Genevoix.) – 10. L'analyse [cesser, ind. prés.], et avec elle la parole et la liberté. (Amiel.)

50   1. Que me [importer, ind. prés.] votre cousin et ses forces misérables ! (Claudel.) – 2. Ce [être, ind. prés.] deux heures qui [gaspiller, ind. p.c. pass.]. – 3. Avance, Pardaillon, ce [être, ind. prés.] toi qui [faire, ind. f.s.] le prisonnier. (Sartre.) – 4. Une quinzaine de fêtards [chanter, ind. imp.] à perdre haleine. – 5. D'où l'extrême simplicité, le gros bon sens, presque un peu commun parfois, qui [caractériser, ind. prés.] la plupart de ses remarques. (Madaule.) – 6. L'une ou l'autre de ces dirigeantes vous [donner, ind. f.s.] le renseignement souhaité. – 7. Ce [être, ind. imp.] des

pieds meurtris par de longues années de travail aux champs. (Blais.) –
8. Ce [être, ind. prés.] cinq heures qui [sonner, id.] au clocher de l'église.
– 9. Il [y avoir, ind. prés.] quatre opérations. Ce [être, ind. prés.] : l'addition, la soustraction... – 10. Le plus petit des marmots qui [aller, ind.
prés.] par les chemins avec un pan de chemise à la fente de leur culotte
me [connaître, ind. prés.] mieux que tous les gens à lunettes... (France.)

SIXIÈME PARTIE

CORRIGÉS DES EXERCICES

1 1. Maria Chapdelaine *ajusta* sa pelisse autour d'elle, *cacha* ses mains sous la grande robe de carriole en chèvre grise et *ferma* à demi les yeux. (Hémon.) – 2. Le vent *se lève,* harde de serpents et de serpes. Il *surgit, meugle, renverse* des cruches, *se brise,* torrent de fenêtres dans les carrières de grès, *aiguise* les façades, *siffle,* pipeau rauque, dans les gouttières percées. (J.-P. Otte.) – 3. Son train de vie au milieu des étangs, en compagnie de quelques pâtres aussi durs et aussi sauvages que lui, *pouvait* le laisser croire... (H. Bosco.) – 4. Sous le chapeau d'homme, la minceur ingrate de la forme, ce défaut de l'enfance, *est devenue* autre chose. (M. Duras.) – 5. Bélonie, le premier du lignage des Bélonie à sortir du Grand Dérangement, *était* déjà un vieillard épluché quand la charrette *se mit* en branle. (A. Maillet.) – 6. Même le caractère quelque peu mythique dont on décore mon personnage *contribue* à répandre l'idée que... (de Gaulle.)

2 1. Plusieurs n'en *sauraient* soutenir la pensée... (Pascal.) – 2. Congolais, aujourd'hui *est* un grand jour... (Césaire.) – 3. Lui-même ne *s'en aperçut* pas tout de suite. (J. Green.) – 4. Atteindre la frontière ou les lieux de passages secrets *était* leur seul but. (Dongala.) – 5. Quiconque n'*a* jamais *échoué* ne *réussira* jamais. (Troyat.) – 6. Mais j'ai observé que le mien me *servait* à fort peu de chose. (Valéry.) – 7. Presque toutes *étaient* immobiles : quelques-unes, cependant, *semblaient* courir. (Maupassant.) – 8. J'*ai compris,* moi seul *ai compris.* (Gide.) – 9. Tel qui rit vendredi dimanche *pleurera.* (Racine.) – 10. Ce qui n'est pas clair n'*est* pas français. (Rivarol.) – 11. *Explique* cela qui pourra. (Estaunié.) (M.G.)

3 1. Un peu plus tard *passèrent* les jeunes gens du faubourg. (Camus.) – 2. Telles *furent,* jusqu'à l'âge de vingt-cinq ans, mes relations avec mon grand-oncle de Malicroix. (Bosco.) – 3. Sire, *répond* l'agneau, que Votre Majesté... (La Fontaine.) – 4. Dans Florence, jadis, *vivait* un médecin. (Boileau.) – 5. Amère *est* la nécrologie consacrée ce soir-là au régime défunt. (J. Lacouture.) – 6. *Vienne* la nuit, *sonne* l'heure, les jours *s'en vont,* je *demeure.* (Apollinaire.) – 7. A cela *s'ajoutent* des prêts à taux privilégié... (*Le Monde.*) – 8. N'*était* la longueur, on se croirait devant des sortes de romans. (L. Forestier.) – 9. Je vous *ai fait peur*? *lança* la voix joyeuse du docteur. (Simenon.) – 10. A leurs pieds *dorment* mes morts, tous mes rêves faits poussière... (Senghor.)

4   1. Je les lui *promettais* tant qu'*a vécu* son père. (Racine.) – 2. L'enfant les *écoute* longuement, un à un, diminuer et s'éteindre... (R. Rolland.) – 3. Patience *masquant* peut-être une paresse... (Leiris.) – 4. O visage tel que Dieu t'*a créé*... (Senghor.) - 5. *Daignez* (ou: *Daigne*) me conserver toujours un peu d'amitié. (Voltaire.) – 6. Le Seigneur Commandeur *voudrait*-il souper avec moi? (Molière.) – 7. *Dépêchez-vous,* s'il vous plaît! (J. Renard.) – 8. Et l'idée ne t'*est* pas *venue* un seul instant d'en appeler à la vraisemblance? (Courteline.) – 9. Qui m'aima généreux me *haïrait* infâme. (Corneille.) – 10. Le peuple, *dis*-je, *était regardé* par eux comme des animaux... (Voltaire.)

5   1. L'ambiguïté déterminante de l'image, elle *est* dans ce chapeau. (M. Duras.) – 2. Suivre de fausses routes nous *apprend* à marcher. (Troyat.) – 3. Nul ne *peut* rien pour moi. (F. Mauriac.) – 4. *Tombe* sur moi le ciel, pourvu que je *me venge!* (Corneille.) – 5. Le plus vieux des chasseurs qui s'était mis en quête *a regardé* le sable... (Vigny.) – 6. La moisson annuelle *s'annonçait,* car bientôt *tomberaient* et *pourriraient* les fruits. (L. Pergaud.) – 7. Si le Seigneur ne *bâtit* la maison, en vain *peinent* les bâtisseurs. (*Bible.*) – 8. Car ils *sont* obscurs tes besoins et incohérents et contradictoires. (Saint-Exupéry.) – 9. T'*aimera,* le vieux pâtre... (Musset.) – 10. Du sol *montait* l'odeur des racines d'ajonc, du limon sec et de l'osier pourri. (Bosco.) – 11. *Fais* énergiquement ta longue et lourde tâche. (Vigny.)

6   1. Les oiseaux et les insectes *remplirent* l'espace d'un concert unanime. (Tournier.) – 2. Le morceau qu'*interprétaient* J.-P. Rampal et R. Veyron-Lacroix était très rapide. – 3. Ce mutisme et cette immobilité conjugués *venaient* de me précipiter hors de moi. (Jouhandeau.) – 4. L'avarice, la débauche, l'ambition *étaient* ses dieux... (Saint-Simon.) – 5. Annette et le comte, installés à l'écart, *causaient.* (Rolland.) – 6. ...Une

loi que la vertu et la raison ne *sauraient* vous imposer. (de La Fayette.)
– 7. Bientôt l'hiver, le froid, la pluie, la neige le *confirmeraient* dans sa
retraite caverneuse ou aérienne... (Pergaud.) – 8. Sa pâleur maladive et
la rose qu'elle tient à la main *font* penser aux infantes de Velasquez...
(M. Yourcenar.) – 9. Dois-je entendre que géométrie, algèbre, astronomie, physique, chimie vous *sont* familières? (Alain.) – 10. Ainsi la verve
des railleurs et les griffes des critiques *maintiennent* l'Académie toujours
présente... (Druon.)

7   1. Derrière *se trouvaient* la distillerie, la buanderie, le pressoir, le poulailler et les réduits à porcs. (Erckmann-Chatrian.) – 2. Mais son nom
et le pays rude où il vivait, cet orgueil dont on le parait involontairement
donnaient de la grandeur à sa figure. (Bosco.) – 3. Vous savez mieux que
personne quelles *sont* ma charge et ma responsabilité. (de Gaulle.) –
4. A un certain stade de la connaissance, l'erreur et la vérité *voisinent*
toujours, *se superposent* même partiellement... (Troyat.) – 5. Tout près
s'élevaient des bouleaux énormes, des ormeaux, des saules géants.
(Bosco.) – 6. Le gouvernement et une partie de la gauche l'*ont compris.*
(*Le Monde.*) – 7. Que *tombent* et la bénédiction et la reconnaissance
d'Allah sur tous les prometteurs de tant de soins... (Kourouma.) – 8. Sa
tranquille obligeance, sa voix étouffée et son regard gris-vert *eussent
ouvert* les cœurs les plus durs. (Colette.)

8   1. Anne-Marie et moi *descendons* de notre wagon. (Bodard.) –
2. Vous et moi, nous *nous moquons* bien de son échec actuel. (Malraux.)
– 3. Le chasseur et moi *regardions* l'écureuil. (Pergaud.) – 4. Ma mère,
Lucile et moi nous *regardions* le ciel... (Chateaubriand.) – 5. Les tiens
et toi *pouvez* vaquer sans nulle crainte à vos affaires. (La Fontaine.) (S.)
– 6. Ma pauvre fille, *faisons* notre deuil, vous et moi, de la cuisine à la
crème. (Bernanos.) – 7. Des amis et moi *avons pris* la décision de sauver notre pays. (Nokan.) – 8. Ton frère et toi *êtes* mes meilleurs amis.
(Ac.) – 9. J'ai gagé que cette dame et vous... *étiez* du même âge... (Montesquieu.) (M.G.)

9   1. La paresse, la lâcheté *sont* des abandons... (A. Maurois.) – 2. Il
s'était attaché à ce visage dont le jeune sérieux et la loyauté lui *étaient*
une agréable assise... (Rolland.) – 3. Nous *prîmes,* Blanche et moi, la

ferme résolution de tenir secrets nos projets... (Duhamel.) – 4. La ferveur religieuse, la montée de son amour adolescent, le son remuant des
voix familières *se fondaient* dans son cœur en une seule émotion.
(Hémon.) – 5. Anne-Marie et moi, nous *avons quitté* Albert à Shanghaï. (Bodard.) – 6. Malgré tout l'intérêt que leur *portent* le monde politique et les interlocuteurs sociaux... (*Le Soir.*) – 7. Dans la rue, l'air vif
et le mouvement lui *rendirent* sa lucidité. (Troyat.) – 8. La misère, la
patience et le désespoir des bêtes *éveillaient* dans notre cœur las une pitié
toute nouvelle... (Duhamel.) – 9. La jeune verdure des allées et leur relative solitude *enchantent* la petite bande. (Yourcenar.)

---

10   1. Elle *a vécu,* Myrto, la jeune Tarentine. (Chénier.) – 2. Avec toute la
fumée que *dégagent* ces trains... (Makan.) – 3. *Sont cités,* par exemple,
les effets sur la fonction des plaquettes... (*Le Soir.*) – 4. Le vorace épervier, le corbeau familier et l'aigle terrible des Alpes *faisaient* seuls retentir
de leurs cris ces cavernes... (J.-J. Rousseau.) – 5. Peut-être, alors, m'*eût*-il
conduit vers la sagesse du vieil Irénée. (Genevoix.) – 6. Qu'*importe* (ou :
Qu'importent, ces vaines étiquettes de la défroque coloniale... (Price-
Mars.) – 7. Quelles que *soient* l'ampleur de leur cage et l'ingéniosité du
décor... (Genevoix.) – 8. Mais la nature dans toute la France les lui *donnait...* (Claudel.) – 9. Plus il le *tenait* en estime, plus folles *étaient* ses
colères. (Kane.) – 10. Son père, Dominique-Martial, d'une famille de
cultivateurs et d'aubergistes, n'*avait acquis* qu'une modeste aisance...
(P. Robert.)

---

11   1. Dans ce lieu de rencontre inattendu où m'*avait transporté* à demi-
songe une somnolence inconnue des hommes... (Bosco.) – 2. Les limites imprécises de mon domaine le *rendaient* illimité. (Guéhenno.) –
3. J'aimerais te donner une joie que ne t'*aurait donnée* encore aucun
autre. (Gide.) – 4. Et cela, *paraît*-il, si mesurés que *fussent* les termes,
éclata comme la sonnerie d'un pas de charge, telles *étaient* la fermeté et
la netteté de la voix. (Guéhenno.) – 5. D'en parler maintenant me *fait*
retrouver l'hypocrisie du visage. (Duras.) – 6. Puis *reverdissent* nos jambes pour la danse de la moisson. (Senghor.) – 7. Nous *étions,* Fontanet
et moi, voisins et amis. (France.) (S.) – 8. Mais *s'attardait* complaisamment le clair-obscur... (Rolland.) – 9. Plus me *plaît* le séjour qu'*ont bâti*
mes aïeux. (Du Bellay.)

12   1. En *témoigne* la croissance des inscriptions dans les écoles... (*Le Monde.*) – 2. Un curieux mélange de rigide intégrité et de cynisme en *résulte.* (Yourcenar.) – 3. Mais qu'*importe* (ou : qu'*importent*) vos belles routes d'asphalte et de bitume... (C. Plisnier.) – 4. La pluie, la douceur du climat *ourlent* cette côte d'une frange végétale. (Genevoix.) – 5. Trois siècles *a duré* l'attente de l'Eglise. (Claudel.) – 6. Je t'*adresse* donc ce récit, tel que Denis, Daniel et moi l'*entendîmes.* (Gide.) (M.G.) – 7. De l'étang *montait* le coassement rauque des grenouilles. (Lemonnier.) – 8. Avec des outrances qu'*explique* et *excuse* la jeunesse... (J. Destrée.) – 9. La voiture noire avec ses ornements d'argent, sa croix branlante, ses goupillons aux quatre coins et quelques fausses fleurs jaunes garnies de rubans mauves, *se fait* traîner bien lentement... (Hellens.)

13   1. Mais *vienne* l'été et les esprits *s'envolent.* (Guéhenno.) – 2. Après Hortense, le cyclone des 4 et 5 octobre, le beau temps *s'est installé.* (*L'Express.*) – 3. Que *sont* quatre pas au regard de l'infini ? (Maurois.) – 4. L'odeur des fermes incendiées, repaires de rebelles, ne l'*offusque* pas non plus. (Yourcenar.) – 5. Et maintenant *puisse* le soleil briller sans excessive ardeur. (Genevoix.) – 6. Ainsi *se seraient reconnus* Beausoleil et Pélagie. (Maillet.) – 7. Ses yeux bleus, un peu glauques, aux couleurs de la Loire qu'ils *avaient* tant de fois *contemplée, souriaient* dans son étroit visage. (Genevoix.) – 8. Maria *regardait* par la fenêtre les champs blancs que *cerclait* le bois solennel. (Hémon.) – 9. Ainsi *s'expliquent* son extrême et agréable réserve, son vocabulaire prudent. (Colette.) – 10. Maudit *soit* le premier, dont la verve insensée... (Valéry.)

---

14   1. Une constellation d'assiettes anciennes *s'incrustait* (ou : *s'incrustaient*) dans l'étoffe havane des murs. (Troyat.) – 2. Ce tas de charbons ardents me *rappela* mon grand-père debout dans sa vigne... (Yourcenar.) – 3. Une foule de villages *furent brûlés.* (Michelet.) (S.) – 4. Alors ce ramassis de cancres *sera condamné* à chercher sa vie dans la vermine des bois... (Aymé.) – 5. Une multitude d'animaux placés dans ces retraites par la main du Créateur y *répandent* l'enchantement et la vie. (Chateaubriand.) – 6. Un vol de grues *grinçait* dans la clarté céleste. (Mauriac.) – 7. Cette espèce d'oiseaux nous *est* inconnue. – 8. Un certain nombre de mesures *ont été prises...* (*Le Soir.*) – 9. Le car pour indigènes *est parti* de la place. (Duras.) – 10. La petite poignée d'irréductibles *étaient* trop peu nombreux et trop peu notoires pour inquiéter. (Rolland.)

15   1. C'est l'argument qu'*invoquèrent* bon nombre de dirigeants...
(Lacouture.) – 2. Un bataillon de verres à moitié pleins *couvrait* (ou :
couvraient) le plancher. (Flaubert.) (S.) – 3. Toute une série d'actes en
sens inverse *ont laissé* croire que... (A. Grosser.) – 4. Une nuée d'espions
et d'agents provocateurs *grouillaient* comme des mouches vertes... (Rolland.) – 5. Un certain type de recherches *ont été entreprises*. (J.H.) –
6. Le plus grand nombre *avaient fui* courant, criant, à travers la plaine,
comme des volailles éperdues. (Rolland.) – 7. Une nuée de traits qui
obscurcit l'air *porte* l'épouvante dans l'armée. (Fénelon.) (S.) – 8. Un
des buts de l'opération *est* d'alléger la pression fiscale... (*Le Soir.*) –
9. Un grand nombre de soldats *périt* (ou : *périrent*) dans ce combat. (Ac.)
– 10. Une de ses menottes *enroulait* autour de ses doigts la barbe de son
père. (Rolland.)

---

16   1. Attention ! En hiver, trop d'arrosages *nuit* au Clivia. – 2. Tant de
conscience *finit* par tapisser l'éphémère... (Char.) – 3. Beaucoup de qualités aimables lui *attachèrent* les cœurs... (Saint-Simon.) – 4. Plus d'un
fait, à coup sûr, le *motiva*. (Perec.) – 5. Quantité de personnes *ont* ainsi
une âme qui adore nager. (Michaux.) – 6. Plus d'une communication
bienveillante, plus d'une rencontre me *sont advenues*. (L.) (M.G.) –
7. Tant de choses nous *séparent,* qui sont indépendantes de notre
volonté... (Troyat.) – 8. Trois d'entre vous *resteront*. (J.H.) – 9. Peu
savent comme vous s'appliquer ce remède. (Corneille.) (M.G.) –
10. Moins de deux mois *ont suffi*... (M. Prévost.) (M.G.)

---

17   1. La plupart des écrivains d'alors *supportaient* eux-mêmes les frais
d'édition... (Destrée.) – 2. Que peu de temps *suffit* pour changer toutes
choses ! (Hugo.) – 3. La plupart *ont fait* à leur manière le grossier pari
de Pascal... (Yourcenar.) – 4. Ce peu de mots vous *rappellera* (ou : *rap-
pelleront*) vos propres folies. (Balzac.) – 5. Le peu d'observations que je
fis *se sont effacées* de ma mémoire. (Rousseau.) (M.G.) – 6. La plupart
des autres *sont* plus sentimentaux qu'intelligents... (Camus.) – 7. La
plupart d'entre nous *étaient trouvés* trop légers. (Chamson.) (M.G.) –
8. Le peu de consistance des preuves *est oublié*. (Floriot.) (J.H.) – 9. La
plupart du temps *se perd* en formalités administratives.

18   1. On *passe* par les cols. (Ramuz.) – 2. Toujours, il *demeurera* quelques faits sur lesquels... (Michaux.) – 3. On *se rirait* de vous, Alceste... (Molière.) – 4. Il *va* à pied, Joseph... (G. Cesbron.) – 5. On *trouvait* de tout dans cet enclos. (Theuriet.) – 6. Il y *avait* sur le buffet, dans une coupe, de magnifiques raisins de Fontainebleau. (France.) – 7. Il *existe* en France et de par le monde, des dizaines, des centaines d'académies... (Druon.) – 8. Il *s'en était fallu* de peu qu'il ne *s'embarquât* pour la Terre Sainte... (M. Noël.) – 9. N'y *avait*-il pas de secrètes délices dans la solitude... (Troyat.) – 10. Mieux *eût valu* consacrer cette soirée à... (Yourcenar.)

---

19   1. C'*étaient* de très grands vents sur la terre des hommes. (Saint-John Perse.) – 2. C'*est* nous l'auteur. (Claudel.) – 3. C'*est* cinquante fois plus qu'il n'en faut... (Audiberti.) – 4. Les lieux de rencontre, c'*est* capital. (Ajar.) – 5. La forêt était courtaude : c'*étaient* des bouleaux, des hêtres noirs, des frênes... (Gracq.) – 6. C'*étaient* (ou : c'*était*) le père Chapdelaine et le médecin qui arrivaient. (Hémon.) – 7. Et c'*est* tous les jours comme ça. (Césaire.) – 8. Nous ne disposons d'aucun instrument de mesure de notre efficacité pédagogique, si ce n'*est* les résultats de nos élèves au baccalauréat. (*Le Monde*.) – 9. C'*était* le lit de l'accomplissement, le support du sommeil fini... (Bosco.) – 10 Fomenter l'anarchie pour se ménager la monarchie, cela, c'*est* un crime entre les crimes. (Montherlant.)

20   1. C'*est* trop lourd, Messire, la France. (Anouilh.) – 2. Ensuite, c'*étaient* des chants choraux et des danses rythmiques. (Chraïbi.) – 3. C'*étaient* les feux des bâtiments à l'ancre, attendant la marée prochaine... (Maupassant.) – 4. C'*est* vous qui le dites, idiot ! (Giraudoux.) – 5. C'*est* une ville, une forteresse, un lourd cuirassé de pierre... (Césaire.) – 6. C'*étaient* des hommes géants sur des chevaux colosses. (Hugo.) – 7. Quand le vent souffle, c'*est* par les bruits créés à travers la bâtisse que la maison nous semble vivre. (Bosco.) – 8. Pour le poète, ce *sont* (ou : c'*est*) l'or et l'argent ; mais pour le philosophe, ce *sont* (ou : c'*est*) le fer et le blé qui ont civilisé les hommes et perdu le genre humain.

(Rousseau.) – 9. Ce *sont* (ou : *c'est*) eux, enfin. (Mauriac.) (M.G.) –
10. *C'est* nous les petits oiseaux. (Aymé.)

21   1. *C'est* un homme, une façade, un bravache de carton-pâte... (Montherlant.) – 2. Ce ne *peuvent* être que des royaumes forts. (H. Queffélec.) – 3. *Est*-ce ton parfum de fruits fabuleux ou ton sillage de lumière en plein midi? (Senghor.) – 4. La première, *c'est* mon amitié, mon estime, mon affection pour Gilbert Renault, pour Rémy. (de Gaulle.) – 5. *C'étaient* d'abord des familles allant en promenade... (Camus.) – 6. L'espoir, *c'était* le pays, le retour au paradis perdu. (Maillet.) – 7. Ce *furent* trois coups, pleins et lents... (Vercors.) – 8. Il ne recevra personne, *fût*-ce ses meilleurs amis. – 9. *C'est* avec les beaux sentiments qu'on fait de la mauvaise littérature. (Gide.) – 10. *C'est* onze heures qui sonnent. (L.) (M.G.)

---

22   1. Dieu est bon, qui me *garde* toute pure et heureuse près de ma mère... (Anouilh.) – 2. Des matelots étaient là qui *attendaient* notre accostage... (Loti.) – 3. Eh oui, Monsieur, nous les Gascons, qui *avons* pourtant toujours le cœur sur la main... (*Publicité*.) – 4. La rumeur du travail des hommes montait jusqu'à moi, qui les *regardais* faire. (Morand.) – 5. Toi qui *portes* l'écharpe aux franges longues... (Senghor.) – 6. Vous-mêmes, les enfants, qui *deviez* me bénir... (Duhamel.) – 7. Mais toi, mon frère, qui n'*en finis* pas... (Tati-Loutard.) – 8. Le mensonge, ce n'est pas moi qui l'*ai inventé*... (Sartre.) – 9. Toi qui, torche ou flambeau, *luis* dans notre brouillard... (Hugo.) – 10. Car je suis votre pasteur qui ne vous *veut* (ou : *veux*) point de mal. (Claudel.)

23   1. Je suis sûr que c'est ma sœur qui les *effraie* (ou : *effraye*). (Maerterlinck.) – 2. Meuse, qui ne *sais* rien de la souffrance humaine... (Péguy.) – 3. Un des traits qui me *frappèrent* en lui, c'est qu'il ne courait jamais. (Colette.) – 4. Nous sommes le peuple qui *appartient* à Dieu. (*Liturgie*.) – 5. Elle était le seul être humain qui me *fût* accessible... (Bosco.) – 6. Pas question de devenir un de ces vieux messieurs qui *ont gardé* le cœur jeune... (Blondin.) – 7. Je suis la promesse qui ne *peut* être tenue... (Claudel.) – 8. Moi qui *suis* un philosophe à ma façon... (Queneau.) – 9. Je suis l'astre qui *vient* d'abord. (Hugo.) – 10. C'est moi qui le *promets*... (Roumain.)

24   1. Son père vient justement de faire toute une série de compartiments à galeries couvertes qui *donnent* sur la rue. (Duras.) – 2. Munier était donc un de ceux qui *avaient voté* non à l'assemblée de commune... (Ramuz.) – 3. Nuit, qui *fonds* toutes mes contradictions... (Senghor.) – 4. Nous sommes cinquante, cent morts qui *dormons*. (Dorgelès.) (M.G.) – 5. Je suis la pierre qui *dure,* l'expérience des siècles, le dépôt du trésor de ta race. (Barrès.) – 6. Nous sommes deux bossus qui *sourions* de la bosse de l'autre. (Mauriac.) (M.G.) – 7. Tu seras celui qui *gardera* la barque. (Loti.) (M.G.) – 8. Mais, Nous, prêtre suprême, qui *portons* tous les peuples sur notre cœur... (Claudel.) – 9. Je suis un paresseux qui ne *se plaît* (ou : *me plais*) qu'à dormir au soleil. (Anouilh.) (J.H.) – 10. Es-tu celui qui *peut* quelque chose pour son bonheur ? (Barrès.) (M.G.)

25   1. Les "Harmonies" *sont* des hymnes à la bonté et à la puissance du Créateur. (L. et M.) – 2. "René" et "Atala" en *étaient,* en leur forme primitive, des fragments. (Faguet.) – 3. "Le Combat", je dois l'ajouter, *était* une pièce en vers. (Duhamel.) – 4. Enfin "Quatre-vingt-treize" (1874) *illustre* la formule du roman historique et symbolique... (L. et M.) – 5. "Génitrix" *développe* les quelques pages devenues inutiles et "Destins" *reprend* sous une autre apparence le personnage... (A. Petit.) – 6. En effet, si la fable "Les Souris et le Chat-Huant" *prête* à l'animal... (C. Dreyfus.) – 7. S'il est vrai que "Le Meunier, son Fils et l'Ane" *ait été écrit* pour Maucroix... (C. Dreyfus.) – 8. Alors que "Le Songe" le *montrait* à la guerre et que "Les Bestiaires" *révélaient* sa passion pour la tauromachie... (M. Raimond.) – 9. "Souffrances du chrétien", écrit à la même époque, *se construit* autour des mêmes thèmes... (A. Petit.) – 10. "Les Garçons", à eux seuls, *constituent* une sorte de florilège de l'art romanesque de Montherlant... (M. Raimond.)

26   1. Ce soir-là, une dizaine de personnes *étaient* réunies rue Scheffer. (Modiano.) – 2. Cinq cents francs de rente annuelle, c'*est* désormais la pension du combattant, le prix de notre oubli. (Guéhenno.) – 3. Une demi-douzaine d'académiciens *furent envoyés* à l'échafaud. (Druon.) – 4. Trente-trois ans *avaient passé* (ou : *étaient passés*). (Modiano.) – 5. Une centaine de Français *quittèrent* Plaisance et Saint-Pierre... (Robert.) – 6. Le cent de briques nous *revenait* à dix sous... (Bernanos.)

– 7. Un demi-million de spectateurs, la plupart masqués ou déguisés, *ont applaudi* la grande parade... (*Le Soir.*) – 8. Et puis il faut voir comment *vont* évoluer ces 84. (*L'Express.*) – 9. Une triple détonation *retentit.* – 10. Une douzaine d'exemplaires de cette grammaire vous *coûtera* quinze francs. (L.) (M.G.)

————————

27   1. Et elle savait qu'au moins une voiture sur deux *était conduite* par un nègre comme elle. (Lopes.) – 2. La moitié des magasins *ont gardé* leurs stores baissés. (*Le Soir.*) – 3. Recréons en nous cet océan vert, non pas immobile, comme le *sont* les trois quarts de nos représentations du passé... (Yourcenar.) – 4. La très grande majorité des chômeurs *a envie* de travailler. (O. Todd.) – 5. La moitié des attitudes que je prête à Voltaire *sont* (ou : *est*) de mon cru. (R. Peyrefitte.) – 6. Les trois quarts des universités *ont accepté* cette procédure... (*Le Monde.*) – 7. La moitié des députés *a voté* pour... (L.) – 8. La majorité de ceux qui se trouvaient dans la salle en même temps que moi *étaient* des anglicistes distingués... (J.-J. Gautier.) – 9. Un mètre cube et demi de terre *a été retiré.* (J.H.) – 10. La majorité des Français *vivait* (ou : *vivaient*) mal, sans confort, sans loisirs... (A. Maurois.)

————————

28   1. Cette année-là, 71,8% d'une classe d'âge *obtenait* (ou : *obtenaient*) le bac. (*Le Monde.*) – 2. Les 30% de notre dette *sont dus* aux dépenses. (J.H.) – 3. Ainsi, à Lille-III, 10% des enseignants *ont suivi* un stage de préparation. (*Le Monde.*) – 4. Les 30% restants n'*ont* jamais *travaillé...* (*Le Monde.*) – 5. 20% *est* un bénéfice appréciable. – 6. Un eugéniste a calculé que 10% de sang frais *deviendraient* nécessaires à chaque génération. (H. Bazin.) (J.H.) – 7. On estime que 50% des hommes et 15% des femmes *savaient* lire et écrire. (*Le Monde.*) – 8. En 1983, sur les 54 millions de Français, 57,5% ne *possédaient* pas d'autre diplôme que le certificat d'études... (*Le Monde.*) – 9. 0,38% en moyenne de la surface d'un journal lui (à la science) *est consacré.* (*Le Soir.*) – 10. 15% de la population *souffre* (ou : *souffrent*) de malnutrition.

29   1. Dans cette immensité des mers qui *semble* vous donner une mesure confuse de la grandeur de notre âme... (Chateaubriand.) – 2. Elle *traînait* sur ses traductions, surtout quand c'*étaient* des livres d'économie ou de théorie sociale... (Rolland.) – 3. ''La Chronique des Pasquier'' *comporte* dix volumes. (Duhamel.) – 4. Tous ont éprouvé cette indifférence insultante qui, semblable aux gelées de printemps, *détruit* le germe des plus belles espérances. (Balzac.) – 5. C'*est* la gerbe et le blé qui ne *périra* point... (Péguy.) – 6. Cette poignée d'hommes défiant la montée des vagues me *rappelle* (ou : *rappellent*) nos ivresses... (Yourcenar.) – 7. Vous êtes le chef, et moi la pauvre sibylle qui *garde* le feu. (Claudel.) – 8. Déjà il est repris, rattaché par une foule de liens mystérieux qui l'*enveloppent* de leur réseau. (Feraoun.) – 9. C'*était* encore un de ceux qui ne s'*occupent* que de prendre... (Claudel.) – 10. Tant de gens en *ont parlé* sans les connaître. (Stendhal.)

30   1. Il nous *arrive* des taupes. – 2. Un certain nombre de ces grandes études *sont rassemblées* dans ''Refuges de la lecture''. (Duhamel.) – 3. Car un je ne sais quoi, issu de lui, me *donnait* le pressentiment de ce pays sauvage et de la vie qu'on y *menait*. (Bosco.) – 4. C'*est* vous-même qui me l'*avez appris*. (Rolland.) – 5. Tout à coup, une série de secousses *jettent* les uns sur les autres les voyageurs... (Yourcenar.) – 6. Ainsi 86,6% d'une classe d'âge *obient*-elle l'équivalent de notre baccalauréat. (*Le Monde*.) – 7. C'*étaient* ce ''oui'' et ce ''non'' identifiés qui *étaient* la terre promise qu'il avait toujours méconnue. (Montherlant.) – 8. Notre ambulance doit s'installer aux portes de la ville, dans les baraques où *saignent, souffrent* et *gémissent* des centaines de blessés... (Duhamel.) – 9. Eugène de Rastignac est un de ces jeunes gens très sensés qui *essaient* (ou : *essayent*) de tout... (Balzac.) – 10. La plupart de ces pages *sont consacrées* à la relation d'événements... (Duhamel.)

31   1. Moi qui la *soigne* et qui *connais* son secret... (Balzac.) – 2. Une pluie de chatons *ruisselait* dans leur tendre feuillage. (Genevoix.) – 3. Et ces ruines ne *sont* pas des pierres, ce *sont* des corps qui *ont* du sang. (Rolland.) – 4. Cette masse de cloisons de bois, de métal incandescent et de chair humaine *continuait* à brûler et à fumer. (Yourcenar.) – 5. Mais peu d'entre nous *avaient été* témoins d'une aussi torrentielle adhésion à un hôte étranger. (Lacouture.) – 6. Et que leur mère est belle qui les *tient* entre ses deux beaux bras nus. (Claudel.) – 7. Plus d'un millier de pins parasols *ont* déjà *été détruits*. (*Le Soir*.) – 8. Un quart des conseils *se tiennent* entre 14 et 16 heures. (*Le Monde.*) – 9. C'*est* une des longues avenues de Vinhlong qui *se termine* sur le Mékong. (Duras.) – 10. 15 % des articles *parlent* des moyens de la science. (*Le Soir.*)

32   1. Langue, qui *chantes* sur trois tons... (Senghor.) – 2. Donc, c'*était* quelques jours avant mon retour... (Guéhenno.) – 3. C'*est* ce que *veut* prouver «L'Homme et la Couleuvre»... (C. Dreyfus.) – 4. Il *est* vrai que la plupart des gens *restent* debout dans l'ascenseur. (Ajar.) – 5. C'*étaient*, presque tous, des gens du peuple et de petits bourgeois italiens. (Rolland.) – 6. Vous êtes deux qui *venez* vous rendre. (Vigny.) (M.G.) – 7. C'*est* cent mille francs environ qui me *sont* nécessaires. (Becque.) (M.G.) – 8. Mais les «Promenades» *sont* des chutes de «Rome, Naples et Florence», qui *est* le livre du refus et du mépris... (M. Mohrt.) – 9. Combien de mes confrères d'écritoire, et que je pourrais nommer, m'*auront* ici *compris* d'avance? (Genevoix.) – 10. C'*est* de fleurs que j'allais songeant. (Genevoix.)

33   1. Une de ces cabanes qui *servent* en octobre aux chasseurs de palombes les *accueillait*... (Mauriac.) – 2. C'*est* la même chose, la même pitié, le même appel au secours, la même débilité du jugement, la même superstition disons... (Duras.) – 3. Chacun de ses regards *laisse* sourdre une lueur d'amitié... (Genevoix.) – 4. Je suis celle qui *reste* et qui *est* toujours là. (Claudel.) – 5. Plus d'un flatteur *se donnent* mutuellement des louanges excessives. (M.G.) – 6. Cinq candidats *ont répondu*. Ce *sont:* Allard, Carbonnelle, Derasse, Pollet et Voiturier. – 7. *Est*-ce une trentaine ou une quarantaine de sociétés qui *constituaient* ce groupe? (*Le Soir.*) – 8. Le peu de qualités dont il fait preuve l'*a fait* éconduire. (Ac.) (M.G.) – 9. Le «Chaos et la Nuit» en effet *offre* le spectacle d'un homme voué à la médiocrité... (M. Raimond.) – 10. Vous êtes ici plusieurs qui, ce soir, *irez* au théâtre.

———————

34   1. Telle *est* la femme au grand cœur, la bonne épouse, la mère généreuse. (Diop.) – 2. Un réveil d'abord économique dont l'ardeur, la ferveur *gagne* jusqu'aux familles politiques... (*Le Soir.*) – 3. Nier, croire et douter *sont* à l'homme ce que le courir *est* au cheval. (Pascal.) – 4. Par la porte *apparaît* à mi-corps un homme engagé dans une étreinte, puis son corps tout entier... (Montherlant.) – 5. La voix de son fils, une pression de ses doigts, sa seule présence *réussissait* toujours à l'apaiser. (Bernanos.) – 6. Je sais d'admirables dévouements, de sublimes souffrances auxquelles *manque* la publicité, la gloire si vous voulez... (Balzac.) – 7. La consternation générale, la pitié qu'elle avait cru lire dans tous les yeux *avait* plus cruellement blessé son orgueil qu'aucune insulte. (Bernanos.) – 8. Admirer la pensée de Proust et blâmer son style *serait* absurde. (Cocteau.) (M.G.) – 9. Ce qu'ils apprennent de ses travaux et de ses succès, ce qu'ils en lisent dans les gazettes, les *remplit* d'une joie maligne... (Bernanos.) – 10. Tout *tournait* autour d'eux, les lampes, les meubles, les lambris et le parquet... (Flaubert.)

35   1. Aucune femme, aucune jeune fille ne *porte* (ou : *portent*) de feutre d'homme dans cette colonie... (Duras.) – 2. La singularité de l'étape, ce guide taciturne aussitôt disparu, le site, le silence, et mon inexplicable solitude, tout me *troublait*... (Bosco.) – 3. *Vient* ensuite le lent apprentissage de collaborateurs, la formation d'équipes entre lesquelles se répartissent les tâches. (Robert.) – 4. Etre exacte, être prête, être en règle, c'*est* tout un. (Colette.) – 5. La foule venait de revivre ce qu'elle savait déjà, mais dont aucun récit, aucune répétition ne *saurait* (ou : *sauraient*) jamais la convaincre. (Memmi.) – 6. Mais agir et penser comme tout le monde n' *est* jamais une recommandation. (Yourcenar.) – 7. Sans doute l'apparente médiocrité de ses confessions, leur insignifiance la *rebutait* un peu... (Bernanos.) – 8. S'engager et persévérer *sont* deux. – 9. Jusqu'au moment où un soleil trop ardent, une pluie trop forte t'*empêchera* de sortir... – 10. Gémir, pleurer, prier *est* également lâche. (Vigny.)

---

36   1. Or un lavage, comme une guerre, *a* quelque chose de puéril... (Michaux.) – 2. Le cheval blanc du commandant ainsi que ceux des deux gardes *s'arrêtèrent* devant notre maison. (Bhely-Quenum.) – 3. La sève de nos sens, comme celle des arbres, *eût fécondé* des troncs... (Lamartine.) – 4. Ces moments ont passé, et notre merveilleuse science, avec eux, *s'est évanouie*. (Guéhenno.) – 5. Rostand comme France *apportent* de l'intelligibilité dans les lettres françaises. (Thibaudet.) (M.G.) – 6. Les épreuves, ou pour mieux dire l'unique épreuve que j'en avais conservée *avait été reléguée* au fond du tiroir le plus obscur. (Hellens.) – 7. Notre sang plutôt que notre littérature *établissait* cette sympathie. (Barrès.) (M.G.) – 8. L'attention que le jeune homme donnait à son livre, bien plus que le bruit de la scie, l'*empêcha* d'entendre la terrible voix de son père. (Stendhal.) – 9. Non seulement notre dignité à l'intérieur, mais notre prestige à l'étranger en *dépend* (ou : *dépendent*). (Giraudoux.) (M.G.) – 10. La farine, comme une source, *coule* d'entre les meules... (Ouary.)

---

37 1. Ni l'affection de ses sœurs ni la tendresse de la bonne vieille grand-mère de l'Epinière ne *pouvaient* détourner le jeune homme... (Robert.) – 2. Ne rien aimer ni rien haïr absolument *devient* alors une sagesse. (Renan.) – 3. L'hortensia ou rosier du Japon *est* sensible au froid. – 4. Cet "Occident-là", idéal, sur lequel ne *pèserait* ni l'impérialisme soviétique ni le système d'influence américain... (Lacouture.) – 5. Ni les enfants, ni les vieillards, ni les malades ne *devaient* manquer à l'exercice de leur droit d'hommes libres. (Fantouré.) – 6. Et que de cela la mère ne *doit* rien apprendre, ni les frères... (Duras.) – 7. La vieillesse d'un romancier, ou plutôt ma vieillesse, car on ne peut parler que de soi, *conjugue* bizarrement la stérilité et le pouvoir créateur. (Mauriac.) – 8. Elle ou toi *cueillerez* les pommes. – 9. Je dois vous dire ceci : ni mon frère, votre chef, ni le maître des Dialobbé n'*ont* encore *pris parti*. (Kane.) – 10. Sa perte ou son salut *dépend* de sa victoire. (Racine.) (S.)

---

38 1. L'un et l'autre *s'étonnèrent* gravement. (Farrère.) (M.G.) – 2. Il est impossible de dire que l'un ou l'autre des journaux *présente* une supériorité. (*Le Soir.*) – 3. Ni la douleur ni la mort ne lui *arrache* un cri. (de Pesquidoux.) (M.G.) – 4. L'un et l'autre *auraient conté* le long apprentissage... (Alain.) – 5. L'ancienneté ne saurait composer avec l'usage : il faut que l'un ou l'autre *ait* le dernier mot. (Hermant.) (M.G.) – 6. Nous vous le répétons, ni l'une ni l'autre ne *voulait* (ou : *voulaient*) cette opération. – 7. Ni l'une ni l'autre solution ne *peut* être acceptée. – 8. L'un et l'autre *sont perdus* s'ils ont des idées. (Alain.) – 9. Ni l'une ni l'autre ne *viendra* (ou : *viendront*). (Ac.) – 10. L'une et l'autre affaire *se tiennent.* (Henriot.) (J.H.)

---

39 1. La douleur *emplit* son corps, comme un bruit puissant... (Le Clézio.) – 2. La manière dont il m'en parla me fit comprendre quelle abnégation, quelle bonté *pouvait* habiter la plus rude enveloppe... (Gide.) –

3. Alors que pas un jonc, pas un glaïeul ne *bouge*... (Sully Prudhomme.) – 4. L'histoire, la science et l'éloquence, tout *était* bon. (Rolland.) – 5. Tantôt son fils, tantôt sa fille *utilisait* l'unique vélo de la maison. – 6. Ni l'un ni l'autre n'*ont su* ce qu'ils faisaient. (Vigny.) (M.G.) – 7. Le vieux Frontenac ou le vieux Péloueyre qui *se fût réveillé* d'entre les morts en cet endroit, n'*aurait découvert* à aucun signe qu'il y eût rien de changé au monde. (Mauriac.) – 8. Ni toi ni personne ne *peut* quitter la gare. – 9. Rome, aussi bien que moi, vous *donne* son suffrage. (Racine.) – 10. Pourtant l'âme d'un pauvre homme, comme celle du plus grand artiste, *peut* contenir tout l'infini. (Guéhenno.)

40   1. Ou ton sang ou le mien *lavera* cette injure. (Racine.) (S.) – 2. L'interprétation des textes comme approfondissement d'une lecture *a* toujours *été* à mes yeux l'épreuve de choix. (Raymond.) – 3. Qui sait si son refuge, loin d'être la prière, ne *serait* pas la folie? (Queffélec.) – 4. Je vous déclare que ni moi, ni les hommes ni Dieu même ne vous *demandons* un tel sacrifice. (Claudel.) – 5. Mais cinq ans plus tard, sous le Directoire, *paraissait,* avec l'aveu et la subvention des pouvoirs publics, la cinquième édition du Dictionnaire... (Druon.) – 6. L'étourneau ou sansonnet *aime* les cerises. – 7. L'une et l'autre stratégie *manquent* de réalisme. – 8. Le prince, au contraire des deux autres pesonnages, *avait* la figure rouge et l'air inquiet... (Stendhal.) – 9. Je ne crois pas que ni le maréchal de Richelieu, ni Lauzun, ni Louis de Valois *aient* jamais *fait,* pour la première fois, une si savante retraite. (Balzac.) – 10. Lorsque les forêts se taisent par degrés, que pas une feuille, pas une mousse ne *soupire*... (Chateaubriand.)

41   1. Chacun de ses gestes, jusqu'à sa démarche lente et sûre, *semblait* fait pour accomplir les plus durs travaux de la montagne. (Chamson.) – 2. Quand le Prince des pasteurs et le Pontife éternel *apparaîtra*... (Bossuet.) (M.G.) – 3. Mais ni la structure, ni la carnation, ni la mobilité magique de ce visage bien fait ne *permettaient* d'en expliquer l'heureuse et mystérieuse bonté. (Duhamel.) – 4. Barnabé ou Médard *est* le nom de son chat – 5. Jean et François sont venus. L'un et l'autre m'*ont paru* fatigués. – 6. Mais ni le grand commerce ni la banque n'*ont* guère *fleuri* autour de Cassel. (Yourcenar.) – 7. Un seul mot, un soupir, un clin d'œil nous *trahit*. (Voltaire.) – 8. Femmes, moines, vieillards, tout *était* descendu. (La Fontaine.) – 9. L'humilité des conditions, sinon la misère, *est* ce qui constitue... (Guéhenno.) – 10. Ni l'ours brun en quête de miel sauvage, ni le castor maçonnant sa digue ne *s'enfuient* devant le promeneur. (Genevoix.)

42   1. Proclamer son dévouement et faire moins que le minimum n'*est* pas très sérieux. – 2. Noblesse, fortune, un rang, des places, tout cela *rend* si fier ! (Beaumarchais.) – 3. Un homme ou une femme *refuse* de promettre et *déserte* l'église, jouant le rôle de bouc émissaire. (Queffélec.) – 4. Et le Roi, avec la France, *recommence* suivant l'ordre légitime. (Claudel.) – 5. Louise et Marie ont demandé l'agrafeuse. L'une ou l'autre *doit* l'avoir gardée. – 6. Ses chaussures, comme celle d'un vagabond, *s'imprègnent* d'eau... (Ponge.) – 7. La ruse, et non la force, en *aura raison*. – 8. Tantôt l'un, tantôt l'autre *décrochait* le téléphone. – 9. Ma fatigue *rongeait,* comme un rat, tout ce qui m'entourait. (Modiano.) – 10. Ah ! que *vienne* enfin, suppliais-je, la crise aiguë, la maladie, la douleur vive ! (Gide.)

---

43   1. On ne *tue* pas les démons avec un fusil, *prononçait* la mère. (Hémon). – 2. Un dégoût, une tristesse immense l'*envahit*... (Flaubert.) – 3. Comment trouver le bel accord de trois notes qui *réalisât* leur pleine harmonie ? (Rolland.) – 4. Ce qui *est* nouveau, c'*est* la conscience qu'en *ont prise* les Français... (Lacouture.) – 5. Qui ne *voudrait* suivre que la raison *serait* fou au jugement du commun des hommes. (Pascal.) – 6. Toi l'Auvergnat qui sans façon M'*as donné* quatre bouts de bois... (Brassens.) – 7. C'*était* une de ces soirées sans cérémonie où l'on *mange* des petits gâteaux... (Balzac.) – 8. Mes larmes et le sang qui *coulait* de mon nez *se mêlaient* ensemble. (Diderot.) – 9. La conversation, l'échange de pensées froides désormais possible entre eux, *eût* peut-être *semblé* agréable à d'autres... (Stendhal.) – 10. Dès qu'il ne *voit* plus les gens, il les *oublie,* il les *abandonne.* (Duhamel.)

44   1. Tout ce qu'ils *ont bravé* pour venir : le froid, la nuit dans le bois, les mauvais chemins et les grandes distances, *ajoute* à la solennité ou au mystère. (Hémon.) – 2. Rouler la muleta, se profiler, pointer *fut fait* avec une rapidité qui *rendit* la chose à peine perceptible. (Montherlant.) – 3. Je n'*accepterai* jamais la dictature, le régime qui *opprime* le peuple. (Nokan.) – 4. Ni la vieille dame, ni la demoiselle n'*ont peur,* je l'*avoue.* (Bernanos.) – 5. Qui les *a fixés* (ou : *fixées*) sur ma tête ? (Beaumarchais.)

– 6. Si une société, si une philosophie, si une religion *eût possédé* la vérité absolue... (Renan.) – 7. C'*est* un tonnelier qui t'*a appris* l'escrime. (Montherlant.) – 8. Fille d'Agamemnon, c'*est* moi qui la première, Seigneur, vous *appelai* de ce doux nom de père. (Racine.) – 9. Comme un dernier rayon, comme un dernier zéphyr *avivent* la fin d'un beau jour... (Chénier.) – 10. S'il *y a* une chose qui, autant que les propos des esclavagistes, m'*irrite*... (Césaire.)

45   1. Ce récit *parut* dans le livre "Les sept dernières plaies", qui *est* de 1928. (Duhamel.) – 2. Etre et avoir *sont* les deux premiers verbes dont tous les autres *sont faits*. (Claudel.) – 3. Qu'une révolution, une guerre, ou tout autre accident nous *chasse* au-delà des frontières, et nous *perdons* notre rang... (Troyat.) – 4. Michel-Charles, comme l'immense majorité de Français lettrés de son temps, *sait* à peine le grec. (Yourcenar.) – 5. Les morts cachés *sont* bien dans cette terre Qui les *réchauffe* et *sèche* leur mystère... (Valéry.) – 6. Au crépuscule, je *retrouvais* mon perchoir, les hauts lieux où *soufflait* l'esprit, mes songes... (Sartre.) – 7. Il *y a* la grande communauté de créations et d'influences mutuelles qui *s'appellera* toujours l'Europe... (de Rougemont.) – 8. "Les Olympiques" *sont* une croisade contre le dolorisme chrétien. (Secrétain.) – 9. S'ériger, se hausser, se dresser contre, tel *est* l'objectif permanent. (Lacouture.) – 10. Moi, du moins, qui n'*avais* que treize ans... (Balzac.)

46   1. Le théâtre, c'*était* "Les Trois Mousquetaires". (*Le Soir.*) – 2. Pureté, douceur, beauté héroïque, que cette suprême beauté de l'âme *se soit rencontrée* en une fille de France... (Michelet.) – 3. Une statue, une couronne de chêne, un éloge *était* une récompense immense. (Montesquieu.) (S.) – 4. Près du foyer, un vieux chien presque aveugle et moustachu, un de ces chiens qui *ressemblent* à des gens qu'on *connaît*, *dormait* le nez dans ses pattes. (Maupassant.) – 5. Il n'*y aurait* rien *eu*, ni fatigue, ni caboche un peu dure, qui *aurait pu* m'en empêcher. (Genevoix.) – 6. Les six louis qui lui *restent suffiront* bien pour offrir à souper à une jolie femme, *fût*-elle duchesse ou bacchante. (Yourcenar) – 7. Je *suis* celle qui *doit* partir plus tôt. – 8. C'*est* moi qui lui *ai appris* à ne pas parler. (Claudel.) – 9. Tout mon espoir *est* que cet Européen, mon compatriote et mon frère, *rencontrera* ici et là... (Guéhenno.) – 10. Nous *sommes* trois marcheurs qui *cherchons* la route.

47   1. Progressant admirablement de toi conscience, qui *es* à la fois existence et vie... (Blanchot.) – 2. Il *entendit* un cri sec auprès de lui : c'*étaient* deux hussards qui *tombaient* atteints par des boulets... (Stendhal.) – 3. Il n'*est* pas une seule des branches de notre culture qui ne *résulte* de mille échanges. (de Rougemont.) – 4. Une troupe de grands cerfs wapitis, trente bêtes aux ramures brillantes, à la robe fauve presque dorée, qui *trottent*... (Genevoix.) – 5. Le champ des interprétations *se limite* et *s'enrichit* en même temps. (Ben Jelloun.) – 6. Peu à peu l'humble chaleur *reprend* possession de son corps, et avec elle la pensée, la vie. (Yourcenar.) – 7. "Les Précieuses" *furent jouées* pendant quatre mois de suite. (Grimarest.) – 8. Nous qui *marchions* fourbus, blessés... (Rostand.) – 9. Quelle perte *vais*-je subir ? Quarante pour cent *serait* un maximum. – 10. Ces accusations, venant de si haut, *ont été reprises* de siècle en siècle, ne *fût*-ce que par des allusions... (Montherlant.)

48   1. Vous *êtes* beaucoup qui n'*avez* pas *connu* le train à vapeur. – 2. Cœur qui *as* tant *battu*... (Péguy.) – 3. Que de poètes à jeun *ont chanté* la bouteille ! (Voltaire.) – 4. Et les murs qui sur les pentes *retiennent* la terre et les vignes, un sentier qui *monte* en lacet *évoquent* l'éternité humaine. (Guéhenno.) – 5. Ce *peut* être la couleur de leurs cheveux ou la longueur de leur crâne. (Madaule.) – 6. Pour un vélo ordinaire, dix mille francs *est* excessif. – 7. Ni l'un ni l'autre ne *tiennent* à venir. – 8. J'*ai vu* à Goutchivo une religieuse orthodoxe, une petite fille de Dieu, qui vous *ressemble*... (Bernanos.) – 9. En un sens, tout écrivain *est* subjectif, quels que *puissent* être ses efforts... (J. Romains.) – 10. "Les Contemplations" *sont* l'histoire de son âme... (Grouzet.)

49   1. Nous *chassions* de nos cils les cheveux gris, ces toiles Qu'*embrouille* l'araignée du temps. (Vivier.) – 2. Mon besoin d'art, de perfection, mon goût de l'exploit merveilleux et unique, bref, ma soif de maîtrise *trouvait* là... (Gary.) – 3. C'*étaient* soixante-douze éléphants qui *se précipitaient* sur une double ligne... (Flaubert.) – 4. Une dizaine d'oranges vous *coûtera* cent francs. – 5. C'*est* tous les hommes qu'il *faut* exterminer. (Rolland.) – 6. Y a-t-il *eu*, dans votre vie antérieure, un fait, une pensée, un désir qui vous *ait appris* votre vocation ? (Balzac.) – 7. Plus d'un alpiniste *a* déjà *tenté* l'escalade de cette paroi. – 8. O toi, qui comme la langue *résides* dans un lieu obscur... (Claudel.) – 9. Le flot des ouvriers *passe* toujours, *s'écoule* par les grandes portes béantes. (Genevoix.) – 10. L'analyse *cesse*, et avec elle la parole et la liberté. (Amiel.)

50   1. Que m'*importe* (ou : *importent*) votre cousin et ses forces misérables ! (Claudel.) – 2. Ce *sont* deux heures qui *ont été gaspillées*. – 3. Avance, Pardaillon, c'*est* toi qui *feras* le prisonnier. (Sartre.) – 4. Une quinzaine de fêtards *chantaient* à perdre haleine. – 5. D'où l'extrême simplicité, le gros bon sens, presque un peu commun parfois, qui *caractérise* la plupart de ses remarques. (Madaule.) – 6. L'une ou l'autre de ces dirigeantes vous *donnera* le renseignement souhaité. – 7. C'*étaient* des pieds meurtris par de longues années de travail aux champs. (Blais.) – 8. C'*est* cinq heures qui *sonnent* au clocher de l'église. – 9. Il *y a* quatre opérations. Ce *sont :* l'addition, la soustraction... – 10. Le plus petit des marmots qui *vont* par les chemins avec un pan de chemise à la fente de leur culotte me *connaît* mieux que tous les gens à lunettes... (France.)

TABLE DES MATIÈRES

Troisième partie :
Règles particulières de l'accord du verbe qui a un seul sujet.

Quatrième partie :
Règles particulières de l'accord du verbe qui a plusieurs sujets.

Sixième partie : Corrigés des exercices.

Achevé d'imprimer le 26 juin 1986
sur les presses de l'imprimerie Duculot à Gembloux.